Gerhard

Lekker verjaar

× × × Baie liefde

Juanette, Pieter & Benja

RUGBYMAL
STORIES UIT DIE PAWILJOENE

SAAMGESTEL DEUR JACO KIRSTEN

Tafelberg

Kopiereg vir:
Samestelling en voorwoord © Jaco Kirsten (2011)
Bydraes © Individuele skrywers (2011)
Gepubliseerde uitgawe © Tafelberg Uitgewers (2011)

Eerste uitgawe in 2011 deur Tafelberg
'n druknaam van NB-Uitgewers,
Heerengracht 40, Kaapstad

Opdraggewende redakteur: Annie Olivier
Omslagontwerp: Mike Cruywagen
Omslagfoto: Gallo Images
Boekontwerp: Nazli Jacobs
Redigering: Francois Smith
Proeflees: Linda Roos
Geset in New Aster
Gedruk en gebind deur Interpak Books,
Pietermaritzburg

Eerste uitgawe, eerste druk 2011

ISBN 978-0-624-04875-6

Geen gedeelte van hierdie boek mag sonder skriftelike verlof
van die uitgewer gereproduseer of in enige vorm of
deur enige elektroniese of meganiese middel weergegee word nie,
hetsy deur fotokopiëring, skyf- of bandopname, of deur enige
ander stelsel vir inligtingsbewaring of -ontsluiting

Inhoud

	Voorwoord	7
ERNS GRUNDLING	Laerskool Noord-Eind se o.13A-spanpraatjie	9
ANDRÉ MARKGRAAFF	Want ek was mal oor rugby	13
WYNAND CLAASSEN	'n Boks vol briewe en 'n Springbokdroom	17
MARCO BOTHA	Oom Bossie en die scoreboard	31
J.J. HARMSE	Gansbaai XV	37
FERDI GREYLING	Prins Albert se geel gras	45
FREDDIE KIRSTEN	Die dorp het rugbykoors	49
LEON-BEN LAMPRECHT	Wat rugby my geleer het	59
JUSTINE KRIGE	Met 'n Bokkaptein by die huis	65
JACO KIRSTEN	Drie dinge wat ons góéd kan doen	71
PIET CROUCAMP	Op reis met rugby	79
COLYN TRUTER	'n Groentjie in swart	87
ALETTA GARDNER	'n Rugbymeisie kom huis toe	93
GERT VAN DER WESTHUIZEN	My langste verhouding ...	101
JOHANN ROSSOUW	Dis winter, dertig jaar later	109
LOUIS DE VILLIERS	Die Slag van Tucumán	113
EMILE JOUBERT	Tussen dié wit lyne is geweld wettig	121

FRITZ JOUBERT	Vive la différence	129
JOHAN BOTES	'n Leeftyd van rugby	137
BALIE SWART	'n Rooi kaart vir die ref	143
NIEL KROESE	In die skadu van Dok Craven	151
MARCO BOTHA	Welkom in Welkom	159
ERNS GRUNDLING	Nag van die Lang Vuvuzelas	165

Voorwoord

Hierdie boek word opgedra aan almal wat al verslae langs 'n rugbyveld gestaan het, of met ongeloof, selfs woede, na 'n televisiestel bly staar het nadat die eindfluitjie geblaas het. Maar die volgende wedstryd wéér daar was om hulle span te ondersteun.

Rugby is 'n mikrokosmos. Geen span kan vir altyd wen nie, want die lewe is mos siklies van aard. Hy wat nóú wen, gaan vorentoe wel verloor – en omgekeerd. Dit leer ons nederigheid. Soos Rudyard Kipling in sy gedig "If" geskryf het: *If you can meet with Triumph and Disaster / And treat those two impostors just the same* . . .

Rugby is ook 'n spansport wat plek maak vir amper elke soort liggaamsbou. Van 'n Draadkar en 'n Lem tot 'n Vaatjie. En dit maak nie saak hoe vinnig en rats daardie windgat vleuel is nie, sonder 'n bal – waarvoor die manne voorlangs hárd moes werk – sal Die Kuif nooit 'n drie kan druk nie.

Om deel te kon wees van hierdie boek was 'n ongelooflike voorreg. Dit het my 'n verskoning en die geleentheid gegee om kontak te maak met 'n paar legendes, soos die oud-Springbokkaptein Wynand Claassen, oud-Springbokafrigter André Markgraaff en iemand soos Balie Swart, lid van die 1995-Springbokspan wat die Wêreldbeker gewen het.

Daar was ook ander juwele. Soos Aletta Gardner wat vertel hoe sy in Brittanje haar eerste wedstryd gespeel het. Of Justine Krige, vrou van Corné, wat haar hart oopmaak oor hoe dit voel om met 'n Springbok getroud te wees, veral wanneer dinge nie goed gaan op die veld nie. Freddie Kirsten van Wellington het weer geskryf oor die wêreld se grootste interskole-rugbywedstryd – dié tussen Paarl Gimnasium en Paarl Boishaai.

Julle sal lees hoe Erns Grundling Soweto ingevaar het saam met duisende mede-Bulle, en hoe ek op 'n gevorderde ouderdom 'n comeback gemaak het by 'n rugbyklub in Engeland . . . en toe op 'n dag vir die Walliese opposisie teen my eie klub gespeel het. Colyn Truter vertel hoe 'n Afrikaanse ou van die Kaap in Nieu-Seeland saam met sy Maori-spanmaats gereeld die towerkrag van die haka ervaar het, en Piet Croucamp oor hoe hy homself al spelende in Amerika probeer vind het.

Vir die fynproewer is daar Louis de Villiers se eerstehandse weergawe van die Slag van Tucumán, die berugte bakleiwedstryd toe die Springbokke in 1993 in Argentinië gaan toer het.

Die stories is uiteenlopend en geskryf deur mense met verskillende rugby-agtergronde. Sommige is snaaks, ander is ernstig en die res, wel, plein bisar!

Maar hulle het almal een ding gemeen: Dis geskryf deur mense wat rugbymál is.

Met ander woorde, gewone mense soos ek en jy.

Lekker lees!

JACO KIRSTEN

OPGENEEM DEUR ERNS GRUNDLING

Laerskool Noord-Eind se o.13A-spanpraatjie

Rietbron-sportnaweek, 21 Maart 2009

Cor van Vuuren (onderwyser): Boys, kom ons maak gou kringetjie. Raait, dis nou sulke tyd, hie gaat ons.

Ek het vir Jacobus gesê as ons by hulle doelgebied kom, raak jy rustig. Hoor jy, Jacobus? Ek soek 'n "tent". Jaco, jy gaan vinnig backline toe, Jacobus sal die call gee. Jacobus, ek soek die Mustang, ek wil dit vandag reg hê. Skitterend. Oukei?

Ek soek twee Cheetahs. Ons moet in twintig minute twee drieë gaan druk, daar is glad nie 'n kwessie daaroor nie: twee drieë. As ek die call gee vir Hitler, raak jy mal. Jy maak dood wat voor jou is, oukei? Almal saam met die span voorspelers. Ek gaan die call gee, Jacobus gaan dit gee. As hy die call gee, raak jy buite jouself met al die krag wat jy het. Onthou, as hulle vorentoe kom, tackle ons die bal, ons speel vorentoe; as hulle in die middeveld kom, tackle ons laag. Hierdie game gaan ons nie een keer in ons halfgebied speel nie. Jy gooi NIE die bal weg nie. Hulle gaan vir julle kom, hulle is reg vir julle. Hulle gaan tackle, hulle gaan aanhou.

Skrums! Jaco, Danie, onthou wat ek gesê het: Voor jy sak, steek hom in sy gesig. Onthou wat ek gesê het. Courtney, waar's jy? Ek soek een late tackle op die losskakel. Een harde tackle. Jy kan maar strafskop kry, dis orraait. Onthou, as jy sak in die skrum, sak jy vir hulle hard. As die bal in is: kanon, kanon, kanon, gaan ons vorentoe.

Nou, boys, kyk hoe baie mense sit langs hierdie veld. Hulle almal kyk vir julle. Duisende mense. Hulle wil nie meer hoërskoolrugby kyk nie. Hulle is nou gatvol vir toks, hulle wil 'n bietjie laerskoolrugby sien, oukei. Kom bietjie nader. Hulle wil bietjie laerskoolrugby sien, hulle wil meer hardlooprugby sien. Almal praat van Noord-Eind vandag. Boys, ons is die kern van die Paarl. Ons is die kern van die Paarl. Ek sê nou vir julle ons is die beste skool in die Paarl.

Ons speel die mooiste rugby, ek het al gekyk. Ons speel die mooiste rugby in die Paarl. Ek wil hê julle moet vandag julle harte uitspeel. Onthou wat ek vir julle sê: Nie een van julle wat hier staan, het span in die o.13 nie. Hier is twee ouens wat span het. Die res het nog glad nie span nie. Jy moet jouself vandag gaan bewys op daai veld.

Onthou die cause. Wat's die belangrikste ding van vandag?

Kinderstem: Ons speel vir die Here.

Praat, praat praat, praat. Oukei. Kommunikasie is baie belangrik. Reg, boys. Kom ons bid.

Spelers sak op knieë: Liewe Here, dankie vir die voorreg om vanoggend op te kon gestaan het. Dankie vir die voorreg om te kan stil raak voor 'n veld, en dat ons vandag kan rugby speel. Help ons om hierdie twintigminute-oorlog, Here, alles te gee vir U, en dat ons ons harte gaan uitspeel. Help ons dat daar nie ernstige beserings sal wees nie, en dat ons hierdie wonderlike wedstryd sal geniet in U naam. Amen.

Oukei, boys, druk vas, druk vas. Visualiseer alles, visualiseer alles wat jy nou op hierdie veld gaan doen. As jy afskop, vergruis ons. Ons tackle hulle nie, ons vergruis hulle. Ons moet iemand gaan verneder. Jy gaan nou in 'n oorlog in. In 'n twintigminute-oorlog in. As elke soldaat nie sy beste gee nie, gaan ons die oorlog verloor, Courtney. Elke soldaat moet sy geweer laai en gaan skiet. Almal van julle is soldate nou. Hier's nie nege soldate nie, hier's nie veertien soldate nie, almal van julle is soldate.

Ons moet mekaar vat en 'n muur van 'n linie vorm en oor hulle gaan en hulle gaan vernietig. Ons speel hulle die eerste minute dat hulle nie weet waar hulle is nie. As hulle die bal kry, pressurise ons hulle en ons tackle vir hulle dood. Verstaan ons mekaar?

Kinderstemme: JA, MENEER!
Ons tackle dood. Ek soek 'n vernederende tackle. Ruan, Neil, Jaco, gaan om te verneder. As jy hardloop met die bal, hardloop self. Harde rugby. Kliphard. Oukei? Kom ons kyk. Kom ons kyk. Vat 'n bietjie vas. Vat 'n bietjie vas. Nee, nie eina nie. Vat die ou langs jou. Kyk na die ou langs jou. En kom ons skree saam, een, twee, drie:
Noord-Eind, YES!
Noord-Eind, YES!
Noord-Eind, YES! YES! YES!

ANDRÉ MARKGRAAFF

Want ek was mal oor rugby

Ek het grootgeword in die dae voor televisie, en my eerste groot kennismaking met rugby was toe die Springbokke in 1965 in Nieu-Seeland getoer het. Ek het my soggens om drie-uur tussen my pa en ma in die bed ingewurm om na die wedstryde op die radio te luister. Awie Labuschagne was die kommentator wat elke wedstryd uitgesaai het. Ek kan nou nog hoor hoe hy skree toe Tiny Naudé in die modder 'n strafskop oorgeskop het om die derde toets te wen. Hy was na aan histeries.

Bedags op die plaas het ek en my broer groot wedstryde teen die plaaswerkers se kinders gereël en daar het ons mekaar geduik dat die bloed spat. En natuurlik het ek Tiny Naudé se skop probeer namaak – met kaal voete deur ons tuisgemaakte rugbypale op 'n vrek koue winteroggend.

My pa was net so 'n groot rugbyliefhebber en het seker gemaak dat ons nie een tuiswedstryd van Griekwas op die De Beers-stadion in Kimberley gemis het nie. Om vir Mannetjies Roux en Piet Visagie in lewende lywe te sien, was 'n groot belewenis. In daardie dae kon jy selfs in die spelers se kleedkamers ingaan. Om langs Mannetjies Roux in die kleedkamer te kon sit, het amper onwerklik gevoel.

In die laat sestigerjare en tot en met die vroeë jare sewentig het Griekwas 'n bulspan gehad wat nie sommer op Kimberley verloor het nie. Die Springbokke se skakelpaar, Joggie Viljoen en Piet Visagie, en een senter, Mannetjies Roux, het immers vir Griekwas gespeel!

Hoewel jy die spelers se handtekeninge tydens Griekwaland-Wes se wedstryde in Kimberley kon kry, het ek vir Piet Visagie en Mannetjies

Roux briewe geskryf om hulle handtekening te vra, ook in die hoop om 'n brief terug te kry. Ná 'n week moes my ma my elke dag na Kimberley se poskantoor neem om in ons posbus te gaan kyk of ek nog nie briewe van hulle terugontvang het nie. Ek sal nooit die dag vergeet toe die eerste brief – die een van Piet Visagie – aankom nie. Mannetjies Roux het op Victoria-Wes gebly en ek het seker 'n maand later sy handtekening gekry.

Dan het *Die Huisgenoot* boonop elke week 'n foto van 'n Springbokrugbyspeler in gehad. My ma móés die tydskrif net eenvoudig koop. Daardie foto's het gou teen my kamermuur gepryk – elke duim van die vertrek was vol foto's van my helde.

Vir my as 14-jarige seun was 1970 'n baie groot jaar. Griekwas het nie net die Curriebeker gewen nie, maar die Springbokke het ook die All Blacks verslaan in 'n toetsreeks in Suid-Afrika. My pa het gesê dis te duur om na die toetse teen die All Blacks te gaan kyk en ons moes op die radio daarna luister.

Gerhard Viviers het daardie jaar 'n volksheld geword met sy rugbykommentaar. Toe Syd Nomis die bal onderskep in die eerste toets teen die All Blacks op Loftus, het hy opgewonde sy nou beroemde woorde geskree: "Sydieee, Sydieeee, Sydieeeee, Sydieeeeee ... en Syd Nomis druk die bal langs die pale!"

In daardie toets het nog 'n voorval plaasgevind – een wat in die annale van Springbokrugby as die grootste tekkel van alle tye sal bekend staan: Joggie Jansen het die All Black-senter Wayne Cottrell uit sy paspoort én sy ID-kaart uit geduik. Hy het nét daar bly lê soos 'n man wat met 'n 30-06-jaggeweer geskiet is. Hierdie twee oomblikke het rugby-ondersteuners vir jare daarna nog oor die radio en om die braaivleisvure plesier verskaf, maar veral 'n blywende indruk op my as jong seun gemaak.

Ek en my broer het in ons kamer gelê en met leë toiletpapierrolle voor ons mond Gerhard Viviers se kommentaar nagemaak. Ek kon later deur die toiletpapierrol elke drie beskryf nés Gerhard dit uitgesaai het! Toe Griekwas in 1970 boonop die Curriebeker ook wen, was die koeël deur die kerk – hierdie plaasseun van Kimberley het 'n absolute rugbyfanatikus geword.

Vir daardie eindstryd het ek myself sommer aangestel as "ballboy", want in daardie dae was daar nie amptelike baljoggies nie. As die bal uitgeskop is, het iemand in die skare eenvoudig die bal teruggegooi vir die vleuel, wat dit dan weer by die lynstaan ingegooi het. Ek het aan die ooppawiljoenkant van die De Beers-stadion gestaan en wanneer die bal uitgeskop is, was ek daar om die bal weer terug te skop of te gooi.

Daardie bruin leerbal was vir my die mooiste ding op aarde – nie sinteties en plêstiek soos vandag se balle nie – en dan het die leer nog so lekker geruik ook. Toe die eindfluitjie van die 1970-eindstryd blaas, het die toeskouers op die veld gestorm en was dit onmoontlik om by enige speler uit te kom omdat die grootmense groter, sterker en vinniger as 'n kind soos ek was.

Ons het voor die kleedkamer van die stadion gaan staan en wag, maar buite was dit pandemonium. Mense het mekaar omhels en op en af gespring van blydskap. Ons het twee uur lank gestaan en wag totdat die spelers uitgekom het. Ek het darem van die spelers gesien, maar dit was onmoontlik om naby hulle te kom.

Een van my dryfvere jare later as afrigter van Griekwas was om die mense van die Noord-Kaap weer so 'n oomblik te laat beleef. Ek weet wat dit vir ons as kinders beteken het en wat dit vir ons gemeenskap gedoen het. Dit was my ongelukkig nie beskore om my droom te verwesenlik nie, maar ons het nogtans groot oomblikke gehad, want ons kon tog weer op Kimberley al die groot spanne se neuse in die grond vryf.

Die ure, dae, maande en selfs jare se toewyding, passie, harde werk, opoffering en trane was elke minuut die moeite werd. Want ek was mal oor rugby.

ANDRÉ MARKGRAAFF se liefde vir rugby het hom van die afgeleë platteland gelei na poste soos dié van president en afrigter van Griekwas, sameroeper van die Springbok-keurkomitee, Springbok-afrigter en adjunk-president van SA Rugby. Hy roem hom op sy vermoë om talent te identifiseer en hy was ook die stigter van die PUK Rugby-instituut. Sy liefde vir die Noord-Kaap en Kalahari is wyd bekend. In 2005 is hy as sakeman, eiendomsontwikkelaar en boer deur sakelui en die regering van die Noord-Kaap vereer as die persoon wat die grootste bydrae tot die ekonomie van dié provinsie gemaak het.

WYNAND CLAASSEN
'n Boks vol briewe en 'n Springbokdroom

In die vroeë sestigerjare, toe ek en my broer George nog laaities was, het ons begin handtekeninge versamel. Ná die 1960-reeks teen die All Blacks, wat opgevolg is deur die Springboktoer na die Britse Eilande en Frankryk, het ons aan elke Springbok geskryf wie se adres ons in die hande kon kry. Dit het na die makliker opsie gelyk, aangesien ons nie gereeld van die platteland af by groot wedstryde kon uitkom nie. En die meeste het darem teruggeskryf, hoewel soms baie laat.

Benewens die korrespondensie, het ons sulke bedrewe handtekeningjagters geword dat my pa vir ons albei 'n boekie gekoop het waarop gestaan het *Autographs*. Ek het so 'n swarte gekry waarin my pa voorin, met sy mooi handskrif in groen vulpen-ink, geskryf het:

> Wynand Claassen
> Middelburg Transvaal
> 17 Julie '61.

'n Maand later het Ken Catchpole se Wallabies hier kom toer vir twee toetse, en ons het die langpad met die swart Dodge aangepak Johannesburg en Ellispark toe. Hierdie keer het my pa kaartjies gekry op die noordwestelike hoek van die onderste vlak, naby die glaskas. Dit was goeie sitplekke omdat dit nader aan die speelveld was as waar ons die vorige jaar met die All Black-toets gesit het. Ons kon selfs die Bokke se gesigsuitdrukkings sien wanneer die spel na daardie hoek verskuif het.

Vroegoggend al het ons met ons nartjies en biltong ons plekke ingeneem en elke voorwedstryd gesien, van die laer- en hoërskole tot by die seniors. Hoe het ek nie daardie outjies beny nie en het daarvan gedroom om self eendag daar te kan speel.

Terwyl die skare geleidelik tydens die voorwedstryde aangegroei het, het ek rondgekyk om te sien of daar nie enige oud-Springbokke tussen die mense sit nie, want gewoonlik het almal daardie jare hulle Bokkleure gedra en jy het 'n groen baadjie maklik tussen al die ander vaal kleure geëien. Dit was ook nie lank nie of ek sien hom waar hy 'n hele entjie weg van ons voor die glaskas sit en gesels: Avril Malan. Hy was die Springbokkaptein, maar beseer.

"Kyk, Pappie, dáár sit Avril Malan," het ek opgewonde gesê.

"Hoe kan jy dít sien?"

"Ek is seker dit is hy en ek gaan sy handtekening vra!"

Ek is soos blits daar weg met my swart handtekeningboekie styf in my hand geklem. Dit wás toe hy!

My hart het begin bons toe ek stadig nader stap. Dit was die naaste wat ek nog aan 'n Springbok gekom het en my mond was heeltemal droog toe ek stotter: "Askies, Oom . . . kan ek asseblief Oom se handtekening kry?"

Sy vriendelikheid het my dadelik op my gemak gesit. "Graag, ou maat," het hy gesê, die boekie gevat en sy naam geteken. Die héél eerste handtekening in my nuwe boekie was nogal dié van die Springbokkaptein!

Die toets self was 'n fees van hardlooprugby deur die Springbokke, en die oorwinning oor die Australiërs het ons seuns mal gemaak van opwinding. Nuwe helde het na vore getree. Frik du Preez, Mannetjies Roux, Piet Uys en Jannie Engelbrecht het soos konings gespeel en aan húlle sou ek definitief skryf, het ek ná die toets besluit – asook natuurlik aan Avril Malan, langs wie ek in lewende lywe gestaan het.

Johan Claassen was daardie dag die kaptein en as my pelle wou weet of hy familie was, het ek dadelik "ja" gesê. Al was dit 'n wit leuentjie, het dit my soveel belangriker laat voel en my statuur het in my maats oë gestyg.

In die lentevakansie van daardie jaar het ons op Potchefstroom by my oupa, Boetie Claassen, gekuier en ons wou met alle geweld Johan Claassen se handtekening kry. "Ken Oupa hom? Weet Oupa waar hy bly?" het ons bly neul.

"Ja, ek ken hom en ek weet waar hy bly," het hy uiteindelik toegegee. "Dis nie ver nie; julle kan self soontoe loop."

So gesê, so gedaan. Op 'n middag het ek en my broer by die voorhekkie uitgeloop, oor die treinspoor dorp se kant toe, na Johan Claassen se huis in Wallisstraat. Daar was 'n vleierige oop stuk veld voor die huise in sy straat en van ver af het ons sy huis herken van kleurfoto's wat in *Die Brandwag* verskyn het.

Dit was stil by die huis, met geen kar in sig nie. Ons het moed bymekaargeskraap. Soos gewoonlik moes ek voor loop – die laaste honderd treë egter 'n bietjie onseker. Ek het twee keer geklop ... geen reaksie nie. "Hulle is nie hier nie," het ek aan George gesê.

"Kom ons wag hier totdat hy kom."

Ons albei besluit dat dit beter sou wees om 'n entjie verder weg te wag eerder as reg voor die huis. Ons het teruggeloop tot oorkant die vlei. Dit was al skemer toe die ligblou Volksie om die draai kom en by die huis indraai. Toe die groot, blonde man by die klein kewertjie uitklim, het ons hom dadelik herken, al was dit op so 'n afstand. Ons het vinnig in die pad tussen die groenwordende populiere afgeloop, maar voor die huis het ons wéér gehuiwer. Hy het in die tuin gestaan en toe hy in ons rigting kyk, fluister my broer: "Kom ons loop eerder verby."

Maar ons sou nie weer só 'n kans kry nie. By die voorhekkie gekom, was hy reeds in die huis en vir die tweede keer daardie middag het ons die paadjie op geloop en geklop. Claassen het so half verbaas gelyk toe hy ons twee boeties daar sien staan, elkeen met 'n Autograph-boekie in die hand.

Toe hy met my pen sy naam onder Avril Malan s'n teken, het die ballpoint skielik droog geraak. "Wat is julle name?" het hy gevra en sy eie pen gaan soek. Toe ons trots "Claassen" antwoord, het hy 'n oomblik gehuiwer, en gevra dat ons so 'n bietjie moes wag. Ná wat soos 'n ewigheid gevoel het, het hy teruggekom met twee velletjies papier – vol handtekeninge.

Bo-op het die Springbokwapen gepryk met die opskrif in groen letters: *SA Rugby Football Touring Team 1960, United Kingdom and France Tour*, en onderaan was elke Springbok se handtekening. Met die terugstapslag kon ek my vreugde nouliks verberg. Dit was die grootste geskenk wat ek tot in daardie stadion gekry het en ek het dit dadelik in my boekie geplak toe ons terug by Oupa se huis was.

Die handtekeningboekie het meer en meer name bygekry: D.H. Craven, Hennie Muller, Frik du Preez, Dawie de Villiers, Harry Newton-Walker, Lukas Strachan (*1931-1932-1937-1938* netjies onderaan geskryf), die hele Britse Leeus se span van 1962, en so ook die 1963-Wallabies. Dan was daar ook Chris Koch, Jaap Bekker, Popeye Strydom, Tjol Lategan, Hannes Brewis, Ryk van Schoor, Jan Lôtz, Basie van Wyk, Ernst Dinkelmann, Basil Kenyon, Roy Dryburgh, wéér Dawie de Villiers, wéér Avril Malan, wéér Frik du Preez... en nóg 'n keer Frik du Preez.

Maar dit het nie net by rugbyspelers gebly nie. Ook ander sportmense het bygekom: atlete soos George Hazle (Rome 1960), Peter Snell (Nieu-Seeland), Jackie Mekler en Bernard Gomersall (Brittanje), Franco Malan en Fanie du Plessis, die SA atletiekspan vir die Olimpiese Spele van 1960, die SA landloopspan van 1962, die Wes-Duitse atletiekspan van 1966, Paul Nash, Judge Jeffreys en Div Lamprecht; krieketspelers soos Eddie Barlow, Graeme Pollock, Roy McLean, Athol McKinnon en John Waite; stoeiers soos Manie van Zyl en Bull Hefer en ander persoonlikhede soos Charles Fortune, Johan de Bruin en Fanus Rautenbach.

Die swart boekie het later vol geraak, waarna ek in 1963 'n nuwe bloue aangeskaf het – natuurlik op my pa se rekening gekoop by die Algemene Handelaar. Die versamel van handtekeninge het 'n obsessie geword. By elke sportbyeenkoms is die boekie saamgeneem en het nóg name bygekom. Gert Potgieter, Fanie van Zyl, Tokkie Peters, Eugene Bräsler, John van Reenen, Kesie Cornelissen, Letitia Malan, Stompie van der Merwe, Louis Schmidt, Cor Dirksen, Gert Cilliers, Toy Danhauser, Basie Viviers, Fourie du Preez, Martin Grundlingh, Piet Malan en selfs spelers saam met wie ek later gespeel het, soos Johan Spies, Ronnie Potgieter, Tonie Roux, Willem Stapelberg, Chris Luther, Thys Lourens en Alan Menter.

Elke geleentheid wat ons gehad het om saam met my pa provinsiale rugby te gaan kyk, was 'n kans om die versameling uit te brei. Toe ek 'n bietjie ouer was, het ek méér moed gehad. Toe het ek ook nie meer die voorwedstryde gekyk nie, maar pligsgetrou by die ingang agter die hoofpawiljoen van Loftus of Ellispark gaan wag. Ek kon van vér af spelers herken wat op pad was om te gaan "tôk". "Kan ek asseblief Oom se handtekening kry?" het ek telkens gevra.

Totdat Frik du Preez eendag vir my vra: "Maar het ek nie nou die dag al my handtekening vir jou gegee nie?"

"Nóóóóit nie, Oom!"

Sodra ek seker was dat ál my helde verbygekom het kleedkamer toe, het ek my gehaas na my sitplek en trots aan my pa en broer die nuwe handtekeninge gewys.

Een Sondag, nét toe ons van Sondagskool by die huis kom, lui die telefoon. Dit was my groot vriend Koos Coetzee, wat self 'n fanatiese handtekeningjagter was. "Martin Pelser sit by Rex-kafee en eet!" het hy gestamel. "Kom gou, ek kry jou dáár!"

Daar was nie tyd vir Sondagskoolklere uittrek nie, en met pen en boekie in die sak, het ek my fiets gegryp en in die hoëveldse winterson gejaag dat die biesies bewe. Die koue windjie het deur my kuif gewaai, my ore was yskoud en die droë lug het my keel gebrand terwyl ek die pedale trap dat die fietsketting sing. Ek het nie veel gekyk vir karre wat aankom nie, oor die besige Kerkstraat gespoed en my fiets in die hardloop neergegooi waar Koos reeds staan en wag het.

"Hy is nog hier binne," het Koos saggies gesê.

Ek kon duidelik die verbasing op Martin Pelser se gesig sien toe twee tienjarige skoolseuns uit die bloute voor hom en sy familie verskyn waar hulle rustig op pad na die Kruger-wildtuin 'n "mixed grill"-ontbyt geëet het. Wat my veral opgeval het, was sy glasoog toe hy van sy bord opkyk. Dit was egter 'n groot bonus om sy handtekening op só 'n heldhaftige wyse te kon kry. Baie trots en heelwat rustiger het ek my fiets opgetel, vir Koos gegroet en stadig teruggery huis toe.

Die briefskrywery was weer 'n heel ander gedoente. Eers moes die adresse van Springbokke bekom word. Dít is op verskeie maniere gedoen. Die maklikste was om aan elke rugby-unie te skryf met die versoek dat die briewe aan die betrokke spelers oorhandig word. Agter in my handtekeningboekie het ek die belangrikste adresse neergeskryf, byvoorbeeld:

Frik du Preez, Lugmagstasie Swartkop, PK Valhalla, Pretoria.
Avril Malan, Posbus 48, Vereeniging.
Dawie de Villiers, Dagbreek, Stellenbosch.
Doug Hopwood, New Ark Mansions 4, Derdelaan, Kenilworth, Kaapstad.

Dit was baie belangrik, en natuurlik goeie maniere, om 'n gefrankeerde koevert in te sluit met daarop geskryf: *Wynand Claassen, Dennekoshuis, Posbus 131, Middelburg, Tvl.* Dit was om te verseker dat die Springbokke wel terugskryf, maar nie almal het nie, soos Frik du Preez.

Die aanslag was altyd om eerstens die speler geluk te wens met sy goeie spel, dán sy handtekening te vra en daarná ook handtekeninge van ander spelers wat saam met hom gespeel het. Abie Malan het slegs sy handtekening ingesluit, maar groot was my verbasing toe ek my heel eerste brief van Jannie Engelbrecht ontvang, met 'n brief-

hoof van die Universiteit van Stellenbosch en daaronder in rooi pen
geskryf:

> Simonsberg, 13 Nov. 1961
>
> Beste Wynand,
> Ek is regtig jammer dat ek nou eers jou brief beantwoord, maar
> soos jy seker weet, was ons maar redelik besig met die eksa-
> mens die laaste paar weke. Baie dankie vir die belangstelling
> asook vir die goeie wense.
> Beste groete,
>
> Jannie Engelbrecht.

Later het heelwat briewe van Avril Malan gevolg, die eerste reeds met sy handtekening ingesluit, toe nóg een met sy handtekening in, en daarna een om te verduidelik: *Omdat hoekom ek nie altyd kans kry om korrespondensie af te handel daarom span ek my vrou in. Per ongeluk het ons 2x aan jou gedink. Baie groete, Avril.* Deur net sy voornaam te skryf, het hy my nóg belangriker laat voel, so asof ons pelle was.

Piet Uys skryf sommer 'n tweebladsye-brief en begin nogal met *Liewe Wynand* en vervolg met: *Baie dankie vir jou welkom brief wat ek ontvang het*, en sluit toe boonop handtekeninge in van die Springbokke wat Engeland toe was. Daar sit ek toe met twee stelle handtekeninge van die 1960–'61-Springboktoerspan – een van Johan Claassen en een van Piet Uys.

Toe Dawie de Villiers in 1962 op die toneel verskyn, het hy dadelik 'n held geword. Noord-Transvaal was ons gunstelingspan en hoewel Uys ook vir hulle gespeel het, was daar iets omtrent die blondekop-skrumskakel van die WP wat my verbeelding aangegryp het. Miskien was dit omdat ons in die wintervakansie van 1962 saam met my pa na Loftus gery het om die Britse Leeus teen die Junior Springbokke te sien speel. Die Leeus het wel 16-11 gewen, maar die

Junior Bokke het baie goed gespeel en drie drieë teenoor twee gedruk. Waar ons agter die suidelike pale gesit het, was die uitmuntende spel van die jong Matie Dawie de Villiers op almal se lippe.

Of miskien was dit eerder omdat my suster in 1962 'n eerstejaar op Maties was en vir ons vertel het hoe sy hom al by haar koshuis gesien het omdat hy daar gaan gesleep het. Vir my was dit asof sy hom persoonlik geken het. Dít is natuurlik wat ek aan al my pelle vertel het – én hulle het my geglo!

Twee weke daarna is Dawie vir die tweede toets gekies, en nie lank dáárna nie het ek aan hom geskryf. Sy antwoord het gou gekom: *Soos jy my versoek het, voeg ek vir jou 'n paar handtekeninge van W.P. spelers in.* Maar daar was niks in die koevert nie. Ek het dit twee keer nagegaan, maar daar wás nie 'n enkele handtekening nie. Ek was verskriklik teleurgesteld en het dadelik weer aan hom geskryf. Kort voor lank het hy teruggeskryf – 'n langer brief dié keer ('n hele bladsy lank), vanuit die Volkshospitaal in Kaapstad, met die datum 22 Augustus 1963:

> Beste Wynand,
> Ek is jammer dat ek so 'n fout gemaak het deur nie jou handtekeninge in te sluit nie. Ek het so baie briewe geskryf dat ek dit seker in 'n verkeerde brief geplaas het. Op die oomblik is ek egter met 'n beenoperasie in die hospitaal en sal seker nog 'n paar weke hier bly. Dit sal die beste wees as jy vir Hannes Marais, Huis Marais, Stellenbosch, skryf om vir jou die handtekeninge te kry, want hy speel nog.
> Hoop dat jy sal regkom.
> Groete,
> Dawie de Villiers

'n Maand later het Hannes Marais se brief by die huis aangekom, mét die handtekeninge op 'n Huis Marais-briefhoof. Marais sluit sy brief af met: *Ek hoop net jy speel self ook rugby en as jou belangstelling nóú al so groot is, weet ek jy kan ook Springbok word.*

Tussendeur die handtekeningsoekery en droom van Springbok word, het 'n ander droom-gedagte begin posvat. Miskien het dit begin toe my suster die eerste kuiken geword het wat die nes verlaat het. Hoewel ons groot Noord-Transvaal-ondersteuners was, het Stellenbosch en Maties 'n ander bekoring begin aanneem. Dit was die tuiste van vele Springbokke – en natuurlik dr. Danie Craven. In April 1963 het ons die lang tog deur die Karoo aangepak om vir my suster te gaan kuier. "Kom ek gaan wys Coetzenburg vir julle," het my pa voorgestel.

Die paadjie langs die boomryke Eersterivier en bo-oor die smal klipbruggie was 'n idilliese gesig. By die statige ou sinkpawiljoen het my pa stilgehou en terwyl ek oor die groen gras getuur het, het dit deur my gedagtes geflits dat menige Springbok daar gehardloop het.

Later daardie vakansie het my pa teruggery Stellenbosch toe om te gaan kyk hoe Maties teen die Harlequins-toerspan van Pretoria speel. Ons was baie opgewonde, want verskeie provinsiale spelers sou in aksie wees – ook Dawie de Villiers. Soos toe reeds my gewoonte was, het ek agter die pawiljoen gaan stelling inneem vir handtekeninge. Coetzenburg was egter nie Ellispark of Loftus Versfeld nie, en daar was géén hekwag in sig wat agter by die kleedkamers gewaak het nie.

Met my boekie en pen in die hand het ek ongesiens geslenter tot in die gang waar die kleedkamers voor die tonnel bymekaargekom het. Gespanne het ek gewag . . . maar niemand het my gevra wat ek daar soek nie. 'n Deur het regs in die gang af oopgegaan en 'n kort, stewige ou man het uitgeloop gekom. "Stegghte, kêgghels!" het hy gesê en die deur agter hom toegetrek.

Ek het my boeglam geskrik – dit was Danie Craven! Ek het verwag dat hy my sou wegjaag, maar sonder 'n woord vat hy my boekie en skryf sy naam daarin. Ek was stomgeslaan. "Dankie, Oom," was al wat ek kon uitkry.

Die warmte wat die ou man uitgestraal het, het my op my gemak gestel en gou het ek dit verder gewaag. Ná nog 'n paar minute het die deur weer oopgegaan en 'n man met 'n bekende blonde kop het met sy maroen trui sy span uitgelei. My hart het in my keel gebokspring. By 'n ou houtbalk het hy getalm en 'n paar optrekke gedoen terwyl hy vir Harlequins gewag het.

"Kan ek asseblief Oom se handtekening kry?" het ek beleef gevra en gewonder of hy nie kwaad sou wees omdat dit so kort voor die afskop is nie.

Hy het my met sy helderblou oë vierkant aangekyk. "Met graagte, ou seun," het hy gesê en sy naam geteken: *Dawie de Villiers*.

Tussen al die handtekeningjagtery en briefskrywery deur was daar ook rugbytoetse waaraan ons moes aandag gee. Vasgenael voor die groot familie-draadloos het ons geluister na hoe Awie Labuschagne met sy skril stem beskryf hoe Frik du Preez op volle vaart met die bal in een hand verby die Leeus storm, na buite laat loop en hoe Mannetjies Roux met 'n sierlike boog oorduik. Ons kon nie wag om in die volgende *African Mirror* in die bioskoop te sien hoe die Bokke die Leeus met 34-14 in Bloemfontein afgeslag het nie.

Met die aankoms van John Thornett se Wallabies van 1963, het my pa ons belowe dat ons nie minder as twee toetse sou sien nie – die eerste in Pretoria en die derde op Ellispark. Daar was groot afwagting en met die aankondiging van die Springbokspan was daar 'n nuwe kaptein, Abie Malan, en 'n onbekende jong flank van Natal, Tommy Bedford.

Die Vrydagmiddag voor die toets op Loftus het ons klomp seuns op die skoolveld ons gebruiklike rugbyspeletjies gespeel. Elkeen van ons was die een of ander Springbok. "Wie is hierdie Tommy Bedford?" wou een van my pelle weet. "Ek het nog nooit van hom gehoor nie."

Ek ook nie, en ek het ook nog geen foto van hom in die koerante gesien nie. Toe ons die volgende oggend in Pretoria aankom, het my pa ons eers na die middestad geneem waar ons in die OK Bazaars se restaurant koek en tee geniet het. Op die voorblad van die *Transvaler* het die spanfoto van die Springbokke gepryk, met 'n nuwe embleem: 'n pronkende Springbok. Ons kon boonop sien hoe Tommy Bedford lyk.

Daardie middag by die veld het ek met my sakgeld 'n Springboklapelwapentjie op groen-en-goud materiaal gekoop, voordat ek en my broer met ons sakkie nartjies ons plekke in die laaste ry van die oospawiljoen, reg bo teen die draad in die suidelike hoek, ingeneem het. Toe die nuwe Springbok in die nommer-7-trui oorduik vir die eerste drie, het Tommy Bedford 'n nuwe held geword.

Ek het baie ander briewe geskryf, ook aan Tommy Bedford, maar nadat Dawie de Villiers kaptein van die Springbokke geword het, het die meeste van my briewe aan hom gegaan. En hy het gereeld teruggeskryf. In 1965 stuur hy vanuit Christchurch, Nieu-Seeland, vir my 'n vel met al die Springbokke se handtekeninge op, asook 'n poskaart van die spanfoto in 'n koevert met 'n seël met 'n "Maori Rock Drawing" daarop. Hy moes seker self die posgeld van twee sjielings betaal het.

Ek was só in my noppies dat ek ná die toer vir hom twee klein wapentekeninge (so groot soos sakwapens) gepos het wat ek in olieverf geskilder het. Hierna het hy 'n Springbok-lapelwapentjie saam met 'n mooi dankiesê-brief met 'n Springbok-briefhoof van 1965 aan my teruggestuur.

Destyds was ons drie broers ingeteken op die tydskrif *Sportsman*. Hierin kon jy glansfoto's van enige rugby-, krieket-, gholf- of atletiek-Springbok bestel, en ons het nie op ons laat wag nie. Sodra die foto's aangekom het, het ons dit dadelik weer na die betrokke sportster gestuur vir sy handtekening op die foto. Jan Ellis, Denis Lindsay, Peter van der Merwe, Colin Bland en Harold Henning het almal slegs hulle name geteken, terwyl Gary Player, Graeme Pollock en Eddie Barlow darem *Best Wishes* daarby geskryf het.

Gert Potgieter en Dawie de Villiers het elk 'n briefie bygeskryf, en De Villiers het op die foto geskryf: *Beste wense Wynand, van Dawie de Villiers*. Dit was meer persoonlik en een van my kosbaarste besittings.

Frik du Preez was egter my gróótste held, hoewel hy nooit eers een keer teruggeskryf het nie. Die mense het vertel dat Frik daardie tyd 'n stoorman by die Lugmaggimnasium was en dat briewe maklik daar kon wegraak. Ek het Frik dus vergewe. Maar ek wou tot elke prys ook sy foto met 'n handtekening daarop gehad het. Wat nóú gemaak?

Pierre Hoffman sou kon help, het ek geweet. Hy was een van vier broers, almal oudleerlinge van die Hoërskool Middelburg, almal buitengewone provinsiale sportmanne en groot vriende van ons familie. Ek was heelwat jonger en nog in die laerskool toe die Hoffmans in die groen-en-goud truie van die hoërskool se eerstespan uitgedraf het. Pierre het vir Oos-Transvaal senter gespeel, was die Suid-Afrikaanse tienkampkampioen op die SA kampioenskappe van 1964 en het die drie teen die 1967-Franse op die Pam Brink-stadion gemaak met 'n lopie van 65 tree ná 'n breekslag in sy eie kwartgebied.

Pierre het ál die rugbyspelers geken, óók in Pretoria, het hy gesê. Hy het geweet hoe dolgraag ek Frik du Preez se foto met handtekening wou hê en een vakansie bring hy vir my so 'n groot, bruin koevert.

"Wat is dít?" wou ek nuuskierig weet.

"Maak oop," het hy met vonkelende oë geantwoord.

My oë het gerek toe ek die groot swart-en-wit glansfoto uit die koevert haal. Dit was 'n aksiefoto van Noord-Transvaal teen Natal waarop Frik du Preez en 'n Nataller hoog bo die ander spelers uitrank, met Mof Myburgh en Piet Uys in die voorgrond met hulle rûe na die kamera, met onderskeidelik 1 en 9 op die trui. Maar my oog vang iets wat in blou dwarsoor die foto geskryf is. Ek kyk mooi . . . en wragtig, in 'n netjiese handskrif staan daar: *Aan Wynand Claassen, Van Frik du Preez.*

"Heng, thanks, ou Pierre," was al wat ek kon uitkry.

WYNAND CLAASSEN het in 'n sportmal huis grootgeword en dit was amper vir hom 'n obsessie om eendag 'n Springbok te word. Ná baie terugslae het die droom uiteindelik waar geword. Hy is 'n praktiserende argitek met 'n passie vir skilder en hy is ook mal oor musiek. Hy was 'n Springbokkeurder, stigterslid van die Sharks Supporters Club en die Springbok-ondersteunersklub, redakteur van *Rugby 15, Rugby Week* en *Sharks Magazine*. Sy outobiografie, *More than Just Rugby*, is in 1985 gepubliseer. Hy is tans betrokke by *TuksSport* aan die Universiteit van Pretoria.

MARCO BOTHA

Oom Bossie en die scoreboard

Laat in oom Bossie se dae as tellinghouer in Welkom het hy nie juis meer veel erg daaraan gehad om die Noordwes-stadion se telbord te verander as 'n span minder as vyf punte bygekry het nie. Dis maar hoe die gemeenskap van myners vir Willem Bosman, oorspronklik van Boshof se wêreld, leer ken het. En dis hoe ek hom aangetref het toe ek op die Goudveld oor die o.18-Cravenweek gaan verslag doen het.

"Sien jy daardie relings rondom die telbord?"

Chris, die Noordwes-stadion se veeldoelige faktotum, het sommer kort ná my aankoms nader gestaan vir 'n geselsie. "Toe Oom Bossie seker so 75 jaar oud was, het hy daar bo aan die slaap geraak en vooroor afgeval. Almal het gedink dit was sy einde, maar daar staan oom Bossie op, stof sy elmboë af soos een wat net op die gras 'n uiltjie geknip het, klim teen sy leertjie op en hou verder telling asof niks gebeur en niemand die vallery gesien het nie."

Net soos wat niemand weet presies wat al Chris se joppe in die stadion behels nie, so het niemand geweet hoe lank Oom Bossie al die spel van "daar bo" af volg nie. Dis seker dié dat Chris hom ouer as 75 geskat het, terwyl hy in werklikheid net 68 jaar oud was tydens die valvoorval.

Sommige mense beweer oom Bossie het 'n sweetpak van elke Curriebekerjaar waarin hy dié jop gedoen het. Of dit so is, sal net hy weet. Maar vir die 47ste Cravenweek het oom Bossie rooi gedra – so amper asof hy deur die hoofborg, *Coca-Cola*, betaal is om dit te doen. Van die media-losie af het sy uitrusting soos 'n rooi rolbalpakkie gelyk: gevatte keps, netjiese sweetpakbaadjie met die Curriebeker-embleem op die regterbors en 'n effens gebleikte rooi broek.

Oom Bossie bly sowat 5 km van die stadion af en lê dié afstand met sy fiets af wanneer hy tot diens opgeroep word. Hy is een van daardie mense wat daarvan hou om 'n man op die skouer te tik-tik of selfs aan jou arm vas te hou as hy met jou gesels. En vooroor te leun en sy sê so in 'n mens se gesig te los.

"Jis, oom Bossie. Hoe lyk dinge vandag?" groet jy hom vroegoggend rondom die koffieketel en foamalite koppies.

"Nee wat, my dag het nog nie begin nie. Hoe sal ek dan nou weet?" sal oom Bossie tipies sê soos hy inleun. "Julle manne moet mooi skryf, hoor. Julle hou mos maar van sen-sensasie . . ."

Teen daardie tyd het hy die vyf lepels suiker in sy koffie al 'n minuut lank geroer. Die helfte daarvan lê op sy linkertekkie en die res op die vloer.

"Môre, oom Bos," groet elkeen wat verbystap.

"Gaan oom Bossie vandag die telling regkry? Dit het gister maar geneuk," laat een amptenaar val.

"Man, los julle vir oom Bossie uit," tree Chris dan gou tussenbeide. Maar dit keer oom Bossie nie om self in te spring en die strydbyl op te neem nie.

"Julle moet my en my telbord uitlos. Dis die man op die dakdraadloos wat nie kan score hou nie. Hy sê my heeldag verkeerd, en as ek dit regmaak, skrou hy van voor af op my. Op die mike skrou hy op my, só dat almal kan hoor."

Oom Bossie het homself as 'n getroue dienaar van die vyftienmankode geag. 'n Student van die spel. Hy het sy scoreboard geken en nooit gekla oor die son wat van 16:00 af reguit oor die hoofpawiljoen se dak in sy oë geskyn het nie.

Sy betrokkenheid by die spel kan teruggevoer word na sy 30 jaar as Noord-Vrystaatse skeidsregter. "Ek is deur 'n speler met die vuis bygekom in die dae toe ek nog geblaas het, so die bakleiery onder spelers is niks nuuts nie. Dit is so oud soos rugby self," sou oom Bossie jou vertel.

Die ou wat hom destyds getimmer het, is vir ses jaar uit rugby geskors. Daardie voorval het oom Bossie egter nie van die blasery afgeskrik nie. Hy het daarmee aangehou totdat die ouderdom hom ingehaal het en toe het hy in die Noordwes-stadion begin score slaan. Met 'n fyn aanvoeling het hy die spel gevolg, soos 'n goeie skeidsregter bygebly en sy tuinstoel drie meter bo die grond slegs verlaat om die jongste verloop van die wedstryd in syfers aan te dui.

Daar is algemeen aanvaar dat oom Bossie nie 'n oumansblaas het nie. As hy soggens om 08:30 sy tellingtroon bestyg het, het hy eers weer om 14:00 vir middagete klubhuis toe gekom en sy draaie geloop. Dan het hy weer daarbo gaan sit totdat die laaste wedstryde rondom 17:30 afgeblaas is.

Daarom was dit vreemd toe oom Bossie die Woensdag van Cravenweek vir 'n paar ure soos mis voor die son verdwyn het. Iewers het hy vir hom 'n opgeskote skoolkind in die hande gekry om in sy plek waar te neem. Nes oom Bossie, het hý die telling ook 'n keer of wat verkeerd aangedui.

"'n Mens kan sien wie daardie kind opgelei het," was maar net een van die opmerkings uit die hoofpawiljoen.

Oom Bossie en die oorywerige onderwyser wat die aankondigings behartig het, het nie om dieselfde vuur gesit nie. "Waar kan die telling 13-6 wees, maar 19-6 nadat die een span 'n drie gedruk het?" wou oom Bossie een oggend weet nadat die aankondiger hom die vorige middag weer aangespreek het – en dít op so 'n oneerbiedige manier. Sommer: "Kan die persoon wat die telling behartig dit asseblief 19-6 maak en nie 18-6 nie?"

Oom Bossie was nie maar net "die persoon wat die telling behartig" het nie. Hy was so deel van die Noord-Vrystaatse rugbygeskiedenis soos die pers boordjie self. Al hou hy telling volgens die ou reëls.

Dit het natuurlik nie gekeer dat daar gereeld kommentaar gelewer is op sy tellinghouery nie. "Ek hoop om Vadersnaam daardie oom kry die score nou reg," het ek 'n Vrystaatse ouer hoor protesteer nadat sy seun teen Natal 'n drie gedruk het.

En: "Slaap oom Bossie, of vir wat verander hy nie die telling as die manne in die hoek druk nie?"

Teen die Donderdag was oom Bossie al so moeg vir die beskuldigings dat hy vir 90% van die tellingfoute verantwoordelik was dat hy besluit het om in die mindere wedstryd verlore slaap in te haal. Of vir niks minder as vyf punte sy scoreboard geswaai het nie.

"Gaan oom Bossie dan nou niks doen nie?" wou 'n ontstelde ma weet toe hy ná 'n strafdoel met sy arms gevou en 'n nommer op sy kop bly sit het.

Die gevoude arms was sy stille verset en die nommer natuurlik om die son uit sy oë te hou. Oom Bossie was só in sy eer gekrenk dat hy die onakkurate eindtelling van daardie dag se hoofwedstryd net so op die telbord gelos het.

Die volgende oggend het hy sy stasie van voor af ingerig, sy nommers georden en die tellings in *Die Volksblad* betwis. "Julle laat julle deur daardie man met die mike op die dak voorsê. Hy is verkeerd, so julle beter maar kyk wat ek hier teen die agtermiddag op my telbord sit," het hy vermanend gesê.

Omdat jy oom Bossie nie van sy telbord wou weghou nie en 'n lang gesprek met hom wou vermy, het jy hom dan maar eerder nie daarop gewys dat hy die laaste kwartier van die wedstryd omgeslaap het nie. Of dat die telling wel 19-6 was, omdat daar twee strafdoele en nie 'n vyfpunter betrokke was nie. Jy het hom ook nie gesê dat niemand die nommer-twee-bordjie gedief het nie, maar dat hy dit heeltyd in sy hand gehou het teen die son.

Oom Bossie wil glo op die middelkolletjie van die Noordwes-stadion begrawe word. "Sodat ek altyd kan hoor hoe die Griffons rugby speel."

Middelkolletjie of te not, van sy troon by die telbord af kraai Willem Bosman, oorspronklik van Boshof, reeds koning oor Noordwesstadion.

MARCO BOTHA was nogal omgekrap toe hy as negejarige deur 'n vet "tannie-dokter" vertel is hoe elkeen 'n droom moet hê, maar dat 'n Springboktrui nie almal beskore is nie. Hy het later jare gedink dié tannie sou net met momentum en 'n goeie inslaan die hele Bokskrum in trurat kon sit. Hy dink maar so oor mense. Maar soms is hulle reg. Maties se o.19-span was, helaas, sy hoogste rugbyprestasie. Nou skryf hy vir *Sport24* oor rugby en veral oor die blitskode. Hy probeer om altyd minder as Ricky Januarie te weeg. Dit neuk maar.

J.J. HARMSE

Gansbaai XV

Jy't dit seker al vermoed, maar laat ek dit ondubbelsinnig oor rugbyspelers bevestig: Hoe ouer hulle raak, hoe beter raak hulle. Moenie dat daar énige twyfel daaroor wees nie.

Ek weet, want ek het in 'n loopbaan van goed drie dekades op talle vlakke saam met die héle boks Smarties gespeel. Daar was ouens wat bo uitgekom en Springbok geword het. Daar was ander wat goed genoeg was om Springbok te word, maar nooit toegewyd genoeg was nie, of dalk net nie die geluk aan hulle kant gehad het nie.

Dan was daar ook die ouens wat rugby om geen ander rede gespeel het nie as om hulle onblusbare liefde vir die spel. Ouens wat geen ambisie gehad het om óóit vir die Springbokke te speel nie; wat vir lief geneem het met die feit dat hulle nie vinnig genoeg was nie, nie sterk genoeg nie, of bloot net nie goed genoeg nie.

Dít is die ouens wat van agt tot vyf gewerk het en daarna nog 'n uur of twee in halfskemer teen temperature naby vriespunt op 'n rugbyveld gaan rondhardloop het. Dít doen hulle twee, drie dae 'n week en gee dan Saterdag alles vir hulle span, of daar nou 'n skeet was of nie.

Daar was vettes en skrales, langes en kortes, vinniges en stadiges en – een keer in my lewe – ook dowes. Kom, laat ek julle vertel.

Hier in die 1980's was ek 'n student op Stellenbosch. Ek kom van 'n klein dorpie in die Kalahari en is Maties toe met baie drome – een daarvan natuurlik om met daardie maroen trui uit te draf. In daardie dae was die hele Matiespan feitlik die WP- én die Springbokspan. Veral daai agterlyn was iets besonders. Dit was die tye van

Michael en Carel du Plessis, Faffa Knoetze, Kobus en Neil Burger, Freddie Ferreira en daai snare.

Die naaste wat ek aan daardie span gekom het, was om Saterdagmiddae vir hulle vlagman te speel, maar ek het darem so 'n keer of wat vir die Maties se o.20-span, die Markötter-span en die Tweedes uitgedraf. My eintlike tuiste sou ek uiteindelik in koshuisrugby vind en het talle wedstryde vir Huis Marais gespeel. In daardie jare het ons 'n bulspan gehad en gereeld in die eindstryd van die Sauerbeker (die koshuisrugby-ekwivalent van die Curriebeker) gespeel. Ek was dus lekker fiks en darem nou nie heeltemal 'n aap nie.

'n Neef van my – 'n man wat op sy dag vir Griekwas uitgedraf het – is kort ná my aankoms op Stellenbosch Gansbaai toe, waar hy onder meer met bouwerk en 'n kafee doenig geraak het. Ons was soos broers en ek het elke moontlike kans gebruik om naweke daar 'n draai te gaan maak. Dan is daar omtrent lekker gekuier rondom 'n perlemoenpot en 'n paar goeie doppe.

Só breek die rugbyseisoen op Gansbaai aan en my neef, wat nou al te oud was om provinsiale rugby te speel, word gevra om die dorpspan af te rig. Jy moes hom eerder 'n speler-afrigter noem, want soos ons almal later sou agterkom, was getalle belangriker vir daardie soort spanne as wat individuele sterre ooit kan wees. Ons het wel baie sterre gehad wat "gasverskynings" vir ons span gemaak het, maar die dag wanneer ons met 'n volle span én 'n paar reserwes kon opdaag, het die geesdrif sommer behoorlik deur die are gebruis.

In ieder geval, kort voor lank het Neef begin skimp dat ek moet kom uithelp met sy span. Aangesien ek hoofsaaklik op Vrydagmiddae koshuisrugby gespeel het en dus Saterdae beskikbaar was vir ander rugby-aktiwiteite, kon ek dit in my besige skedule inpas om vir Gansbaai te gaan uitdraf. 'n Belofte van petrolgeld en 'n kroegmanjoppie saans in die Seaview Hotel het die deurslag gegee – ek sou selfs met 'n wins kon terugkeer Stellenbosch toe! En só het my roemryke dae in Boland se derde liga begin.

Nou kyk, oor Gansbaai se rugby in daardie dae kan 'n mens sekerlik 'n boek skryf. Die rugbyveld – wat eintlik aan die plaaslike skool behoort het – het aan die noordekant aan die NG kerk gegrens en aan die suidekant het die hotel gestaan. Die goue reël, het ek vinnig geleer, is dat jy altyd die eerste helfte kerk toe speel en die tweede helfte kroeg toe. Vir die eerste helfte het jy immers geestelike inspirasie nodig gehad om jou beste te kon gee; daarom moet die kerktoring voor jou staan. Maar met die omdraaislag het jy gespeel om dors te word, en dan was daar geen groter motivering as om die hotel voor jou te sien nie!

Ek het reeds die probleem van getalle genoem. Die meerderheid van die spelers was van Gansbaai self – 'n hele klomp van hulle vissermanne. Dan was daar 'n paar ander wat naweke huis toe gekom het om by hulle ouers te kuier en sommer 'n bietjie rugby te speel. Nog 'n klompie was studente wat kom perlemoen duik het en in tye van nood opgekommandeer is.

Wegwedstryde was egter 'n heel ander saak. Baie van die vissermanne was lang tye weg op see of hulle kon nie die hele Saterdag afkry nie. Ander het ná 'n week of twee op see nie kans gesien om nog 300 of 400 kilometer in 'n bussie te ry om op Laingsburg of Touwsrivier te gaan speel nie. Dan moes ons ongelukkig "punte gee" vir die opponerende span. Verbasend genoeg moes ons teenstanders feitlik nooit "punte gee" wanneer ons tuis gespeel het nie. Ek vermoed die belofte van perlemoen en 'n lekker dans in die Seaview Hotel was genoeg oorreding om vir 'n naweek Gansbaai toe te kom.

Later het ek en Neef 'n formule vir wegwedstryde opgestel. Ons span het redelik goed gevaar en ons sou moontlik die liga kon wen ás ons al ons wegwedstryde speel en nie elke keer hoef punte te gee nie. Ons het toe soos volg te werk gegaan: Hy sou sorg dat daar minstens vyf spelers van Gansbaai beskikbaar is. 'n Ander speler, wat in die week in Caledon gewerk het, sou nóg vyf spelers kry en ek moes vyf studentemaats van Stellenbosch af saambring.

Dié formule het heel goed uitgewerk. Die getalle het net so nou en dan gewissel, want as daar byvoorbeeld die vorige aand 'n huisdans was, het dit behoorlik geknor om die volgende oggend vyf ouens te kry om iewers in die Boland te gaan rugby speel.

Nou my neef se jonger broer, wat ek ter wille van my eie veiligheid net Kleinneef sal noem, was die rugbyster in die familie. Hy het vir die SA Skolespan gespeel en ten tye van dié verhaal vir Maties. Hy was baie gretig om saam met Neef te speel, want dié het vir Griekwas uitgedraf toe Kleinneef nog op laerskool was en hier was nou 'n kans om saam met ouboet te speel. Die twee was albei losvoorspelers en as hulle saam op die veld was, het ons nie sommer verloor nie.

Kleinneef het die bykomende voordeel gebied dat hy ook gereeld 'n spanmaat of wat kon saamsleep, wat beteken het dat ons darem twee of drie goeie spelers in die span gehad het. Ondanks die eienaardige samestelling van die span was ons dus nogal mededingend.

Só kom daar toe 'n wegwedstryd teen Evkom (deesdae Eskom) op Worcester, en ek en Neef besluit om in te klim vir dié een. Klop ons Evkom en een of twee ander uitslae werk in ons guns, kon ons dalk net die derde liga wen! En sou dít nie goed in Seaview se kroeg afgegaan het nie.

Die formule werk toe so: Ek en twee ander manne kom van Stellenbosch af, Neef bring sy vyf van Gansbaai en die Caledonners bring hulle manne. Kleinneef, wat nog die Saterdagoggend vir Maties se juniors teen Villagers moes speel, sou ná die wedstryd in sy bakkie spring en 'n spanmaat saambring om die grofgeskut verdere diepte te gee.

Om "vlugflouheid" uit te skakel, het Neef 'n paar rondawels by die Goudini Spa gehuur en ons sou die eerste keer in 'n lang ruk reeds die aand vóór die wedstryd amper voltallig wees. Dit het na 'n goeie plan geklink, maar ongelukkig het dinge nie presies volgens plan verloop nie. Ons het onsselwers – heel onverwags, natuurlik – vasgeloop in 'n 21ste verjaardagpartytjie van die dogter van 'n wynboer wat een van my maats geken het.

Kort voor lank was die nege Gansbaai-manne deel van die feesvieringe en het hulle lustig weggelê aan die produk van die wynboer se harde werk. Die vyf manne van Caledon het nooit daardie aand opgedaag nie, maar ons was glad nie bekommerd nie, want hulle kom mos die volgende oggend. Gansbaai se nege het omtrent nie geslaap nie, maar gelukkig het ons deur die nag twee van die plaaslike partytjiegangers omgepraat om die volgende middag hulle debuut vir Gansbaai te maak.

Ook maar goed so, want dit was die dae voor selfone en iewers het iemand óf nie 'n boodskap oorgedra nie, óf die Caledonners was nie lus vir rugby nie, want toe ons groepie van elf dié Saterdag by Evkom opdaag, was hulle nog steeds nie daar nie. En Kleinneef was laat. Maar rugby bly rugby en ons vra toe ons teenstanders of hulle 'n paar spelers kan afstaan. Hoewel hulle ook aan die dunnerige kant was, kon hulle darem vir ons twee outjies leen, wat beteken het dat ons met dertien spelers sou opdraf.

Daar was egter 'n stertjie aan die storie: Evkom se spanbestuurder/afrigter en die skeidsregter het ons vooraf bymekaargeroep en verduidelik dat 'n paar van ons teenstanders doof is. Dit was die outjies wat by die Skool vir Dowes op Worcester skoolgegaan en nou hulle vakleerlingskap by Evkom gedoen het. Die skeidsregter het verduidelik dat hulle dalk soms 'n sekonde of wat laat kan reageer en gevra vir begrip as een van die dowe spelers dalk oorywerig raak nádat die fluitjie geblaas het.

Een van ons geleende spelers was ook doof, maar ons was in geen toestand om te stry nie en maar net te dankbaar om twee ekstra manskappe te hê. Ons het gereken hy sou dalk die dowe teenstanders se vingertaaltekens vir ons kon ontleed. Asof hy natuurlik vir ons sou sê, maar dit daar gelaat.

Die wedstryd was 'n slagting. Met die vorige nag nog in ons koppe, longe en bene was dit amper onmoontlik om by te bly by die jong manne van Evkom, wat lekker fiks was. Stadig maar seker het hulle begin om die voorsprong te rek.

Iemand stel nogal ewe voor dat ons moes maak of die fluitjie geblaas het en wanneer die dowe outjies gaan staan, moet ons die gaping vat en hardloop. Neef het egter gevoel dit druis in teen die gees van die spel. Kleinneef se koms sou ons enigste redding wees, veral as die spanmaat wat hy saambring 'n vleuel met spoed was.

So tien minute in die tweede helfte in sien ons Kleinneef se Datsun 1400 in 'n stofwolk langs die veld stilhou. Hy spring uit, maar daar is geen vinnige vleuel saam met hom nie. Dié is beseer in die wedstryd teen Villagers. Kleinneef trek sommer in die hardloop die Gansbaai-trui aan en is net betyds om aan die kant van die skrum te sak. Ons verduidelik vinnig dat ons twee drieë agter is, maar verder is daar nie tyd vir praat nie, want die bal word in die skrum ingesit.

Ek kan nie onthou wie die bal laat val het nie, maar die een Evkom-flank – so 'n blondekop – val dit toe. Die skeidsregter blaas hom onkant, en Kleinneef wil die bal gryp om vinnig te speel, want ons is mos agter en die tyd is min. Die flank hou egter vir al wat hy werd is, want hy het nie die fluitjie gehoor nie. Nadat hy so vier, vyf keer vergeefs probeer het om die bal by die witkop los te ruk, vererg Kleinneef hom en druk die flank se kop met mening teen die grond vas. "Is jy doof, man? Kan jy nie hoor die fluitjie het geblaas nie!" skree hy op die verskrikte kêrel.

Ek sal nooit Kleinneef se verwarde uitdrukking vergeet toe hy opkyk en die hele Gansbaai-span sien rol van die lag nie. Geen formule kon voorsiening maak vir hierdie onverwagse wending nie.

Sedert Bliksem destyds in Dok Craven se kampie langs die Eersterivier vir J.J. HARMSE gegrom het, is hy op soek na die perfekte rugbywedstryd.

Dit het hom al na die meeste vastelande geneem waar die spel van die hemele gespeel word. Die engele het al op sy tong gepiepie op plekke soos Twickenham in Londen, Stade de France in Parys, Loftus Versfeld in Pretoria en die Orlando-stadion in Soweto, maar hy glo die soetste nektar sal in Oktober 2011 in Auckland gedrink word.

FERDI GREYLING

Prins Albert se geel gras

Noord van Oudtshoorn lê die Swartberge en agter die Swartberge die Groot-Karoo, en die pad oor daardie berge lei na Prins Albert. Dis waar ons dié keer gaan rugby speel het.

Dit was universiteitsvakansie en ons was ledig op Oudtshoorn – dié dat ons by die plaaslike rugbyklub om 'n game gaan aanklop het. Hulle het altyd spelers vir hulle tiekie-span nodig gehad en het ons geken. Só is ons toe dié Saterdag in my ma se geel Opel Kadet Swartberge toe om aan die ander kant te gaan speel – ek en twee vriende.

By Oudtshoorn is die aarde nog plat en weerskante van die teerpad lê plase, met die Grobbelaarsrivier af na links. Dáár het die De Jagers met tabak geboer en dáár het ons – arrogante jong derdeklasrugbyspelers – lankal ons sigarette aangesteek gehad.

Schoemanshoek lê groen en deftig na links – gegoede opstalle met 'n kerk in die middel. Die Grobbelaarsrivier voed dié plase met water uit die Swartberg. Na regs lê die dorre Klein-Karoo met werkershuisies tussen die vaal bossies en die genadelose klippe. In die Opel rook ons sigarette met tabak wat ons reken van dié plase af Oudtshoorn se kant toe gekom het.

Ná Schoemanspoort vurk die pad. Regs gaan jy saam met die toeriste na die Kangogrotte toe; links kronkel die pad eers deur lae voetheuwels en dan begin dit die Swartberge uitklim. Dit is 'n smal grondpad met meestal plek vir net een kar. Plek-plek is daar egter verwydings waar jy kan aftrek sodat 'n motor van voor af kan verbyskuur.

Die pad kronkel hoog op teen die berg en dan soos 'n slang anderkant af. Die kranse langs die pad val amper loodreg tot ver onder. As jy híér van die pad af ry, ry jy ook uit jou lewe uit. Daarom maar versigtig op deur die draaitjies totdat jy die Kangovallei se klein panele grond ver onder jou sien lê en jy jou wil verbeel jy sien Oudtshoorn se wit spikkels doer in die verte.

Ons was nét uit een van daardie draaie toe daar 'n Volkswagenkombi te vinnig van voor af kom; ooglopend 'n toeris wat nie weet jy ry stadig berg-af nie. Gelukkig is die pad daar breër en ek swaai die stuurwiel na links ... sit 'n rukkie swetsend in die kombi se stof. Die kombi moes net om die draai gestop het, want toe ons die Opel se neus weer in die pad kry, kom 'n man met wilde oë aangehardloop – hy het seker gereken hy sal die geel karretjie aan die voet van die krans sien lê. Ons waai vir hom dat ons oukei is en ry aan.

Op Prins Albert se rugbyveld kry ons die res van ons span en begin onderhandel oor posisies. Dis nogal 'n probleem, want ons kon net 15 spelers bymekaarkry – allermins een vir elke posisie. Daar is wel dié wat ooglopend te klein is vir voorry en dié wat te dik is vir vleuel. Daar is geen twyfel oor wie die langste is nie – slot vir hulle. Oor die sleutelposisies kan daar nie onderhandel word nie – dis nou oor losskakel en skrumskakel. Die losskakel is logies 'n windgat, een wat só vol vertroue oor sy eie balvaardighede is dat hy nie eens die moeite hoef te doen om te sê dat hy die ooglopende keuse vir losskakel móét wees nie. Skrumskakel is ook 'n logiese keuse – almal in die span weet hy speel daar, want hy kán daar speel: Hy is klein en hy kan 'n duikaangee doen.

Die dikkes ... ja, hulle hoort in die voorry. Voeg hierby die handjievol wat goeie lede van die klub is, gereeld oefen en steunpilare in die dorp is. Hulle speel waar hulle Dinsdagaande en Donderdagaande oefen. Punt.

Die res van ons val in die oop gate in. Ek is baie gelukkig om op agsteman te beland, met die verstandhouding dat ek en die een slot halftyd sal omruil. Die skeidsregter is die plaaslike dominee, die gras is geel, dis 'n Saterdagmiddag en ons is jonk. Alles is skielik die moeite werd.

Maar kort voor lank kom ek agter ons losskakel skop eienaardige skoppe. Die meeste daarvan is so subtiel vreemd dat niemand kan agterkom wat sy slinkse plan met die bal is nie. Ons volg die trajek van die bal in die hoop dat helderheid ons sal oorval, of dat die bal reg sal hop en die doellyn oop voor jou sal lê. Maar toe hy 'n hangskop op sy eie agterlyn gee, weet ek. En in die verbygaan ruik ek dit: wyn.

Ons het maar sy keuse om te drink én te speel gerespekteer. Dis soos hy dit wil doen. En ons was in die hemel op 'n geel grasveld op Prins Albert.

Die destydse reëls het nie die druk van drieë in die hand gewerk nie, en om eerlik te wees, ons hand- en voetvaardighede ook nie. Prins Albert het wel 'n drie gedruk, in die hoek. Of die dominee gekroek het, weet ek nie; ek was nie in 'n posisie om te kan sê nie. Daarvoor het ek te min geesdrif vir verdedigende naellope na my eie doellyn gehad. Die baie sigarette in die Opel het teen daardie tyd ook my geesdrif effens gedemp.

Maar ons kaptein was oortuig dat hy wel in die regte posisie was om 'n mening te lug en hy was séker die skeidsregter het gekroek. Die dominee bly egter onversetlik: Die drie word toegeken en ons moet agter die pale gaan wag vir die vervyfskop.

Vir ons kaptein was dit onaanvaarbaar. "Kom, boys, ons loop," het hy gesê en na die kleedkamer begin aanstryk.

'n Paar oomblikke het 'n verwarde stilte geheers totdat dit verbreek is deur ons slot: "Jou gat, ons speel lekker. Ons bly. Loop jy maar."

Ons het die wedstryd voltooi, maar ek kan nie onthou wie gewen het nie. Ek kan wel onthou hoe die gras op my vel gevoel het. En as ek my oë toemaak, kan ek selfs die effense knopperigheid onder my voete voel soos wanneer jy met rugbystewels aan op 'n harde geel veld draf.

FERDI GREYLING is 'n joernalis van Johannesburg. Hy het op Oudtshoorn grootgeword en daar geleer rugby speel. Hy het daar ook geleer om verby verloor te kyk na die oomblikke van verskuilde elegansie en klein heroïsme op die veld. As jy destyds die SWD ondersteun het, het jy dít gou geleer. Daarna het hy in die weermag en op Stellenbosch voortgegaan om swak rugby te speel. Daarop het nog swak rugby vir Woodstock (Kaapstad) se tiekiespan gevolg en later vir Tuine. Vandag het die ouderdom hom ingehaal, maar navorsing oor genetiese manipulasie vorder vinnig. Wie weet . . .

FREDDIE KIRSTEN

Die dorp het rugbykoors

In die Paarl het die akkerbome se blare reeds geval en die stamme is kaal in die bleek sonnetjie. Die dorp het leeggeloop Namibië toe en weer volgeloop. Die derde kwartaal het begin en eintlik behoort alles weer normaal te wees.

Tog is ek krapperig. Waarom weet ek nie. Ek kan net nie my vinger daarop lê nie, maar hier is 'n paar manne in die dorp wat my irriteer. Ons kom normaalweg goed oor die weg, maar hier het so 'n halwe moerigheid oor my kom lê en nou vermy ek kontak met hulle.

Goed, goed, laat ek nou maar erken dat dit iets te make het met die feit dat dit weer interskoletyd is, en dat húlle kinders vir Gim speel en óns s'n vir Boishaai. My eie seun maak dit ook nie vir my makliker nie. Volgens hom het ek heelwat tekortkominge. My klere, musiek, fisieke en serebrale beperkings is erg genoeg, maar die feit dat ek nie in Boishaai was nie is vir hom die grootste verleentheid. Hy reken ek is Grey toe omdat Boishaai my nie wou gehad het nie.

Maar ek sal sterk wees en ruiterlik erken: Ek was nie in Boishaai nie en sal my nie op sleeptou laat neem deur hierdie koorsagtigheid wat elke Juliemaand deur die Paarl trek nie. Kan jy glo dat daar elke jaar so tussen twintig en 25 000 mense die Saterdag se groot games gaan kyk? En dit is iets wat al in 1929 begin het! Sal miskien een of twee gaan kyk. Dis dít.

Maar ek kom agter dat dit nie net ék is wat krapperig is nie. Dis nog drie weke voor interskole en reeds is daar 'n klómp gespanne mense op hierdie dorp. Die rugbywedstryde wat nou gespeel word, is skielik nie meer belangrik nie. Wen jou span, hoor jy hulle piek nou net op die regte tyd – voor interskole. Verloor hulle, is dit nou net die regte ding om hulle terug aarde toe te bring – voor interskole. Ek dink nie die afrigters weet eens teen wie hulle deesdae speel nie.

Maar ek bly sterk; ek laat my nie op sleeptou neem nie. Sal hier en daar saam bespiegel oor spankeuses, maar dis dít. En tog wil die krapperigheid nie wyk nie. Trouens, ek raak al hoe krapperiger.

Wat ek ook nie kleinkry nie, is dat almal in die skool nou skielik weet as een van die seuns se neus loop, hy twee keer die nag gehoes het of sy toon gestamp het. Tog net nie nou nie, sê hulle. Ons het hom nodig. Key-speler. En toe betrap ek myself dat ek Kleinboet se neus begin dophou. Maar dis dít. Niks meer nie. Ek sal hom wel 'n bietjie uitvra oor hoe die spanne lyk, wat daar by die oefeninge aangaan en hoe die beserings lyk, maar aangesien dit sonder uitsondering met 'n verveelde sug, geïrriteerde kyk, of my persoonlike gunsteling – die oogrol – begroet word, tel dit nie.

Ek twyfel of een van die betrokke skole in hierdie tye selfs probéér voorgee om skoolwerk te doen. Dis rugby, sing-songs, geesvang en reëlings. Dalk moet ek 'n e-pos aan die skoolhoof – óns skoolhoof – stuur en voorstel dat die seuns soggens sommer met rugbyklere reguit veld toe gaan. Dan het jy meer tyd vir oefen.

Maar wat sal ek nou lol? Dis dan al die Maandag voor interskole. Die hele suidekant van die dorp is in wit en blou getooi; die noorde in geel, rooi en groen. Alles is toegedraai in die skole se kleure: akkerbome, straatligte, verkeersligte, winkelvensters en selfs hier en daar 'n ongelukkige Nigeriese straatsmous. Voertuie word ook nie ontsien nie en elke bestuurder moet kant kies en sy lojaliteit wys, hetsy met vlae, linte of plakkers. Dis net ék wat sterk sal bly staan.

Toegegee, die kinders geniet elke oomblik en lyk gelukkig en ontspanne, meegesleur deur 'n groeiende golf van pret, afwagting en wat vir my na gesonde samesyn lyk. Wat is dit met my dat ek so half bemoerd is? Boonop kry ek dit nie aldag reg om die ouens wat my so irriteer te vermy nie. Dit is nou al die hoeveelste keer dat ek betrokke geraak het in 'n gesprek wat soos volg verloop: "Hoe lyk die span?" sal ek vra – nie omdat ek wil weet nie, net om iets te sê. Antwoord: "Nee wat, jong, vier key-spelers uit. Een dood, een verlam, een het gangreen en 'n ander het geïmmigreer. (Hulle het nooit ligte beserings nie.) Verder het Slappes – jy moet nou weet dis die coach – en die hoof 'n helse uitval gehad. Hy is gefire en die Latynjuffrou rig hulle nou af. Ek glo nie eers ons sal speel nie."

Die hele dorp is vol Old Boys. Van oral af het hulle ingevlieg en nou takel hulle mekaar in rugby- en gholfwedstryde. Sommer 'n klomp spanne. G'n genade nie. As buitestaander ervaar ek dit as 'n vorm van bendegeweld. En die saamkuier ná die wedstryde is nog erger. Dis koshuiskuiers en 'n prestige-aand, die capping-seremonie en die Groot Brag, etes saam met spanne en die voorstelling van spanne, byeenkomste om te sommer-maar en jaargroep-reünies. Saalbyeenkomste.

Ek woon alles by. Net om my van alles te vergewis – ek sal my nie laat meevoer nie! Dag en nag. Oral praat gassprekers die mense moed in. Dit voel my of die hele land hier in die Paarl kom speech. Politici, sportsterre, sakemanne, dominees, paaldansers en reeksmoordenaars. Almal het 'n boodskap. As jy bo 35 is en nog nie met interskole as spreker Paarl toe genooi is nie, moet jy begin aanvaar dat jy dit nie gemaak het nie.

Teen Donderdagaand voel ek my andersins onbreekbare lyf begin my faal. Vanaand is daar paarties in die gholfklub en die koshuis. Ek bekla my lot by my vriend Willem. "Pace jouself, Saterdagaand lê nog wyd," is sy raad. Hy's 'n ou hand.

Ek bel vir Kleinboet om te hoor hoe dit gaan. Hy weet nie. Hy het nog nie die spanne gesien nie en weet nie wanneer hulle weer oefen nie. Weet ook nie of daar beserings is nie. Verder kan hy regtig nie nou praat nie. Hy moet genuine nou gaan. Ma verstaan nie hoekom ek hom nie gevra het van die wasgoed nie.

Vrydagoggend is saalbyeenkoms. Boishaai is 'n see van wit en blou. Gelukkig het ek vir Willem geluister en myself gisteraand gepace. Vanoggend was ek al om halfvier in die bed; die saalbyeenkoms sal dus speletjies wees. Agtuur sit ek en Ma. En dis nie hoe lank nie of ek balanseer met my linkerboud op 'n dun vensterbank en met my regterhak op Jan Smuts se kop. Ma is op my skoot; sy wil sien as Kleinboet op die verhoog kom. Die mense wat laat kom, gaan regtig sleg sit.

Die saal is nie soos ek saal geken het nie. 'n Volledige rock band bestaande uit huidige leerlinge is op die verhoog. Hulle doen wat rock bands doen; hulle gee áls. 'n Handvol dirigente in hulle speelpakkies vat net nou en dan grond. Duisend gesonde, tot barstens toe trotse jong manne staan fier en sing uit volle bors. As hulle maar net kan rugby speel soos hulle sing, dink ek. Ek voel my tweede asem inskop. Pace jouself, dink ek.

Boodskappe van Old Boys van oor die hele wêreld word voorgelees. Genooide sprekers praat. Die skoolhoof, oudskoolhoof en onderwysers praat. Spanne word voorgestel. Kapteins praat. Pa's cap seuns. Trane loop. Strydliedere word gesing. En hulle oor wie dit gaan – die seuns – se gesonde gesigte blink van opwinding.

"Nóú begin interskole," sê Willem toe ons by die saaldeur uitstap, en ek voel hoe my tweede asem my die tweede keer verlaat.

Vrydagmiddag speel al die spanne behalwe die A- en B-span. Die wedstryde vind om die beurt op een van die twee skole se velde plaas. Vanjaar is dit Boishaai se beurt en ná 'n vinnige hamburger en bier is dít waarheen ons mik. Dit reën altyd met interskole, maar soos voorheen keer dit niemand nie. Die hele dorp stroom velde toe. Met oorjasse, waterskoene, musse en sambrele kom hulle, almal duidelik uit te ken aan die kleure van hulle skool.

In 'n oogwink verander die sportgronde in 'n malende massa van kleure, klanke en geure. Laasgenoemde is 'n mengsel van wors en hamburgers, Frisco-koffie, slaptjips in ou olie, pannekoek en 'n bietjie Cadac-gas. Gooi dit als bymekaar, meng dit met die reuk van 2 000 opgewonde, hormoongedrewe tieners en rond af met die aroma van 600 natgeswete, bemodderde rugbyspelers. Net 'n rugbydag kan só ruik. Tog jammer hulle gebruik nie meer Deep Heat nie.

Die geluide is ook redelik uniek. By watter ander sportgeleentheid gaan jy hoor 'n vrou gil: "Maak hom dood, liefie!"? Dit nou terwyl die een wat moet doodgaan se ma langs haar staan en hulle sonder om asem te haal daarna voortgaan om die skeidsregter se bene te bespreek.

Oor die luidsprekers speel sokkiestamptreffers. Dit word so nou en dan onderbreek deur die aankondiger wat die eienaar van 'n wit bakkie soek wat die ingang van die skool versper. Of: "Juffrou Claassen na die noodhulptent, asseblief." En deur dit alles sing die kinders uit volle bors.

Rondom elke veld staan ondersteuners bankvas, en tussen hulle is drie soorte pa's uit te ken: Die eerste soort staan langs die veld en slaan alles in stilte gade. Dis so half-en-half die normale soort. Soms verloor hulle dit heeltemal, maar dis meestal geregverdig.

Die tweede soort loop op en af saam met die spel. Hulle bly of staan nooit stil nie. Hulle beledig die ref en rig terselfdertyd af. Onophoudelik. Hulle afrigting getuig van 'n skerp rugbybrein en insig. Dit klink meestal soos volg: "Hande, hande!" of "die bal, die bal!" of "manne, julle tackle nie!" of "gaan haal hulle!" Onophoudelik. Dis húlle vrouens wat histeries gil as Seun aan die bal vat. Hulle is relatief onskadelik en dra eintlik baie by tot die tipiese skolerugbyatmosfeer.

Die derde soort is die gevaarlikes. Hy staan alleen agter die doodlyn en slaan alles in stilte gade. Hy het gewoonlik sélf rugby gespeel en ken die spel. Hy praat met niemand, lewer geen kommentaar en beweeg selde. Soos die lewe maar is, kies opgewerkte pa's en angstige afrigters mos nou juis dié soort om by te gaan ontlaai. Hoor my lied, hy gaan jou hard moer sonder om 'n woord te sê en daarna gaan hy net so bly staan en verder rugby kyk. Nodeloos om te sê, dra hulle nie geweldig baie by tot die atmosfeer nie.

Elke wedstryd word met ewe veel entoesiasme ondersteun en gespeel. Halftyd is die spelers só van die modder dat niemand eintlik meer weet wie's wie nie. Van twee-uur tot sesuur word vyftien wedstryde gespeel, en snaaks genoeg is al die key-spelers terug. Slappes en al.

Wanneer die son sy kop agter Paarlberg intrek, bedaar die rumoer effens. Vuil seuns loop hinkepink met mooi meisies kar toe. Al wat blink, is die oë en die tande. Hulle is tevrede. Hulle het interskole gespeel. Oral op die velde hou groepies pa's in groot erns nabetragting. Meng sal hulle nie – dis ons teen hulle en môre is die eintlike dag . . .

Maar voor môre is dit nog eers vanaand. Groot Brag. Die stadsaal word volgepak met Boishaai Old Boys en pa's. Vanaand hou die manne hulle jaargroep-reünies. Hulle wil ook die eerste span ontmoet. Van oor die hele wêreld het hulle gekom. Dis húlle aand en elkeen sal jou gou laat verstaan dat die skool eintlik in sý jare van die grond af gekom het. Party het vyf jaar gebou aan die skool; ander ses of sewe.

Vanaand is daar nie geleentheidsprekers nie, want niemand kry die geleentheid om te praat nie. Almal praat gelyk. Sowat van blye weersiens het ek nog nooit gesien nie. Die manne van die sestigjaar-reünie se tafel is aan die klein kant en hulle raas nie so baie nie. Die tienjaar-tafel is groot en sy lede praat hard. Jy word geken en beoordeel aan of jou jaargroep interskole gewen of verloor het. Niks anders nie. My mond hang oop. Die mense ken tagtig jaar se tellings op die punte van hulle vingers en die klad van 'n verloor sal jy dra tot die dood.

Ek kom saam met die oggendkoerant by die huis. "Pace jouself," het Willem gesê toe ek uitstap.

Dis Saterdag. Dis die groot dag. Ek is vroeg in die Paarl vir 'n vinnige brunch. Twaalfuur moet ons op die Faurestraat-stadion sit vir die afskop van die o.15A's. Daarna is dit die o.16A's, dan die tweede span, dan die skouspel voor die hoofwedstryd en stiptelik om vieruur begin die grootste interskole-rugbystryd in die wêreld. Toe ek twaalfuur my sitplek inneem, is die stadion reeds driekwart vol.

Die hoofpawiljoen word amptelik in twee verdeel, en die twee groepe skoolkinders word geskei deur 'n groep ouers, onderwysers, Old Boys en eregaste. Die twee groepe meng nie. Dis oorlog.

Benewens die 2 000 skoolkinders is die res van die mense op die hoofpawiljoen die eerste soort ondersteuners. Redelik beheers. Soms. Rondom die veld is 'n fietsry- en atletiekbaan. Altwee is reg rondom volgepak. Hier kry jy jou tweede soort ondersteuner. Niemand kan hom hoor nie en hy kan nie naby die veld kom nie. Al hoe jy kan agterkom hy raak opgewonde, is as die gebarste aartjies op sy neus nog rooier raak. Die probleem met die derde soort is jy weet nooit waar hy nou is nie.

Oorkant die veld is Die Wal. Ook hier word alles netjies op die middellyn verdeel, hoewel nie amptelik nie. Vir 'n ou in Gimklere sal dit 'n lawwe idee wees om aan die Boishaaikant te kom staan. En andersom. Hier is lewe. Hier gebéúr dinge. Dis vergelykbaar met Loftus se oospawiljoen en Nuweland se Castle Corner. Nie vir sensitiewe kykers nie. Hier gaan my klassifisering van ondersteuners ook vir 'n bol. Dis nie 'n soort dié nie, dis 'n ander spesie. Almal is so tussen 19 en 23 en nog nie gewoond aan die vryhede van die grootmenswêreld nie. So pas uitgevind dat Johnny Walker en Jack Daniels nie oud-skoolhoofde is nie. Hulle lyk almal dieselfde: waterskoene, jeans, ou skoolrugbytrui, skooldas en baie hare. Nuwe hare. Lelike hare. Almal wat nie baard kán laat groei nie, laat groei baard. Snaakse brille. Vreemde hoede. Hulle sêgoed en planne laat my ou lyf nuwe grense toets. Soos die skoolkinders is hulle 'n onmisbare deel van die gees.

Met die tweedespan-wedstryd is die stadion stampvol: 25 000 mense, twee rock bands en 2 000 kinderkele. Die lawaai en opwinding dring elkeen binne, neem jou oor en jou voete maak vuiste van lekkerkry. Die manne wat speel, weet hulle sal eers weer in 'n baie groot Super 14-wedstryd moet speel om voor so 'n groot skare te speel. En die meeste van hulle sal dit nooit so ver maak nie.

Dan is die tweede span klaar. Iets onheilspellends daal oor die stadion neer. Dié wat nie rook nie, rook nou en dié wat gewoonlik rook, rook met albei hande. Dis trompoppies (Boishaai het nie baie nie), drumlines, duiwe, vuurwerk en ballonne. En die *bands* spéél. En die kinders síng. En die dirigente gaan mal.

Dan raak dit stil en die twee spanne kom stadig op die veld gestap, begelei deur hulle hoofdirigente en pragtige sjampanjenooientjies. Jy kan 'n speld hoor val. Êrens op Die Wal roep 'n nuwe lid van die ander spesie na sy ma of een of ander verlore liefde.

Die kapteins stel die spelers aan die skoolhoofde voor. Daar is 'n Gewyde Stilte. Die spelers sit hand op die bors en die skoolliedere word gesing. Rondom my sien ek wit kiewe en nat oë. Die wekelange spanning en die grootsheid van die geleentheid ontsien niemand nie. Die skole doen hulle strydkrete, en dan is dit sulke tyd.

Die lawaai van die kinders en die intensiteit van die wedstryd is iets uit 'n ander werklikheid; dis amper asof alles in stadige aksie gebeur. Die aanslae op die sintuie is oorweldigend. Ek voel of ek die dominee uit die moederkamer uit dophou.

In die hele wêreld is daar nie 'n suiwerder vorm van rugby as skolerugby nie en dít wat hier voor my afspeel, is die beste voorbeeld daarvan. Jong, sterk lywe word op die spel geplaas en vir elke duim word verbete geveg. Hulle speel nie vir hulleself nie; hulle speel vir almal wat al met trots daardie trui gedra het. Die spanning is ondraaglik. Dit is toetsrugby dié en lae tellings met 'n klein punteverskil die norm. Vir niemand in die stadion is verloor 'n opsie nie.

Dan is dit alles verby.

Weer eens volg die rituele, gevestig in 'n tradisie van tagtig jaar. Old Boys dra die spelers, of dít wat van hulle oor is, skouerhoog van die veld. Wen of verloor, maak nie saak nie; hulle bly almal se helde. Die kapteins praat met hulle skole, skoolliedere word gesing en krete gekreet. Maar nou is daar ook iets byna verstommends te sien – en dit is die respek waarmee die onderskeie skole mekaar bejeën en mekaar toelaat om elk sy eie ding te doen.

En dan heel moontlik die mooiste tradisie: Boishaai se Old Boys ruk in hulle duisende op, kom staan voor die pawiljoen en sing vir die eerste span en die huidige Boishaaiers. Daarmee bevestig hulle die naelstring wat al die geslagte bind.

Dié Saterdagaand staan ook nie terug vir die voorafgaande sewe aande nie. Daar word behoorlik feesgevier en getreur in 'n dorp wat nie gemaak is vir al dié mense nie. Hoor en sien vergaan tot laatnag. Oplaas hardloop die Paarl uit Rennies, Panado's en ys uit. En in die geharwar leer Willem my nog 'n les: Jy kan windgat wees of treur tot Maandag toe, maar dán begin jy te worry oor volgende jaar.

Ja, Willem, asof ek my nou só op sleeptou sal laat neem.

FREDDIE (FELLIES) KIRSTEN is 'n wynboer van Wellington met twee sportmal kinders. Sy naweke word dus in beslag geneem deur 'n jaery tussen sportvelde, maar dit bly 'n voorreg sonder gelyke en hegte vriendskappe word langs die wit lyne gesmee. Dit laat wel nie veel tyd vir 'n eie lewe nie, maar verskaf baie plesier in die veels te kort tydperk van 'n leeftyd. Sy ander tydverdrywe sluit in om na musiek te luister en op Afrika se agterpaaie te reis. Sportprestasies wat uitstaan, is toe hy 'n enkele keer op skool reserwevlagman vir die eerste span was.

LEON-BEN LAMPRECHT

Wat rugby my geleer het

My vrou verstaan dit nie. En om eerlik te wees, ek weet ook nie lekker hoe om dit aan haar te verduidelik nie. Dis nie dat ek nie wíl verduidelik nie – glad nie, dis net . . . dis moeilik.

Want sien, rugby is so onlosmaaklik deel van my as wat die braai van skaaptjops op 'n Sondagmiddag is. Of om Afrikaans te praat. Of geïrriteerd te raak met lang rye in Absa. Dis nie asof ek regtig 'n keuse in die saak gehad het nie. Ek is maar, soos baie ander ouens, gebore in 'n rugbyhuis en het dit as 't ware met moedersmelk ingekry.

Maar wag, voordat ek verder gaan, moet ek eers my belange verklaar. Sien, ek is onbeskaamd en tot in my diepste wese 'n WP-ondersteuner. Ek het gehou van Calla Scholtz se wit toks. Ek hou van die tradisionele hoërisikospel wat met Province geassosieer word. Ek het selfs van Percy se hare gehou (vir so lank as wat hy nog vir die WP gespeel het). Om die waarheid te sê, ek reken as my huis afbrand, sal my WP-trui een van die eerste goed wees wat ek red.

Benewens die feit dat my pa 'n redelik eenogige WP-ondersteuner is, het dit seker daarmee te make dat ek 'n 1983-baba is. Jy weet, so aan die begin van die WP se Goue Jare – daardie vyf Curriebekers in 'n ry wat geen ander span hulle nog kon nadoen nie. Ek was natuurlik toe nog klein en kan nie veel daarvan onthou nie (ek moes maar later die getapede games kyk). Tog het daai opwinding in my are, my DNS en my hele bleddie menswees kom vasklou.

En ek was nie eens self 'n goeie rugbyspeler nie. Ek het baie vroeg gepeak toe ek 'n enkele keer op slot uitgedraf het vir die o.9A-span.

Dit sou die laaste keer wees dat ek my voor in die enjinkamer bevind het. Van daar het ek my rugbyloopbaan voortgesit as buite-agterspeler vir verskeie B-spanne. Op hoërskool het ek rugby selfs vir hokkie verruil. Tot in matriek, toe ek een game regtervleuel vir Punt se Derdes teen Oakdale Landbouskool gespeel het. Ons het iets soos 69-0 verloor.

My pa was 'n meer begaafde speler wat vir Heidelberg (die een in die Kaap) buitesenter gespeel het. My oom Pierre sou gereeld opmerk: "Leon, vertel ons van daai keer toe jy vier drieë vir Heidelberg gedruk het. In een game."

Maar ek dwaal af. Wat ek eintlik probeer sê, is dat ek onvoorwaardelik en ongoddelik lief is vir rugby.

Wen die WP (of die Bokke, of albei), is niks die naweek vir my moeite nie. Wat sê jy daar? Ek moet die skottelgoed was? Geen probleem nie. Ek doen sommer die wasgoed ook!

As hulle egter verloor ... wel, dan is ek omtrent so aangenaam soos gangreen in jou regtervoet. Soos jy natuurlik kan dink, maak dit my liries bedonnerd as my vrou dan opmerk: "Maar dis tog net 'n game."

Sy verstáán eenvoudig nie.

As jy niks van rugby weet nie, kan 'n mens sekerlik insien waar sy vandaan kom. Stel jou gou voor jy het in Kambodja grootgeword sonder enige kontak met die buitewêreld en iemand vat jou na 'n rugbywedstryd op Nuweland.

Dit moet bisar en lagwekkend voorkom, dalk selfs effens ontstellend wees wanneer jy vir die eerste keer sien hoe groot, uitgevrete mans uit vrye wil agter 'n eiervormige bal aanstorm. Wanneer een die bal het, werp hy alles in die stryd om dit agter 'n wit lyn te plant, terwyl die ander span se vyftien spelers hom probeer skraap. En dan praat ons nie eens van die verwarrende reëls by die losskrum nie. Dis allermins 'n eenvoudige spel, soos sokker, en in baie opsigte heel gewelddadig.

Vir die oningewydes, en die semi-oningewydes soos my vrou, moet dit sekerlik 'n eienaardige affêre wees. David Kramer se liedjie "Blokkies Joubert" som dit goed op: "Ag, Christina, Christina, he thinks to himself / you never could understand / what it feels like to dummy and to sidestep / with a leather ball in your hand."

Ek het al baie gewonder hoe ek aan my vrou, en aan ander soos sy, kan oordra wat die spel vir my beteken. En dit in die proses sommer aan myself verklaar. Dis tóé dat dit my tref: Rugby is soveel meer as net die spel wat tussen 'n paar wit lyne gespeel word. Hoe mooi daai Danie Gerber-drie teen die Iere ook al was, of Frans Steyn se twee drops van omtrent die halflyn af teen Australië, dit is ook meer as dít. Toe ek mooi daaroor gaan dink, het ek besef hierdie ding wat ons rugby noem, het my al talle waardevolle lewenslesse geleer.

Die eerste rugbywedstryd wat ek onthou, was ook die een wat my op 'n jong ouderdom 'n baie harde les geleer het. In 1991 het WP en Vrystaat mekaar die stryd aangesê in die laaste Curriebekerligawedstryd in Bloemfontein. As die WP sou wen, sou hulle in die finaal teen die destydse Transvaal speel. In die laaste minute was die WP-slot F.C. Smit op pad doellyn toe om die wendrie te druk toe ene Brian Baenhoff, slegs geklee in kouse wat opgetrek was tot by sy knieë, op die veld verskyn, Smit tekkel en sodoende vir die Vrystaat 'n oorwinning besorg.

Ek, en moontlik die hele rugbykykende Suid-Afrika, was totaal oorbluf. Vir my agtjarige brein was dit te veel om te verwerk. Dit was baie traumaties. Trouens, ek dink ek het dit tot vandag toe nie heeltemal verwerk nie.

Wat dit wel gedoen het, was om my 'n noodsaaklike lewensles te leer: Dit maak nie saak hoe hard jy probeer of hoeveel jy dink jy iets verdien nie, jy kry nie altyd wat jou toekom nie. Of korter gestel: Die lewe kan soms ongelooflik onregverdig wees.

Daardie jaar het ek nog kaalvoet-rugby vir Laerskool Hartenbos gespeel. As ek reg onthou, het ons op Groot-Brak op Laerskool

Vorentoe se veld gespeel. Dit was 'n koue oggend en die dou het glinsterend op die veld gelê en wag om jou voete eensklaps van alle gevoel te ontneem. 'n Ander wedstryd is voor ons s'n gespeel en ons het van die pawiljoen af gekyk hoe een van die spelers naby die doellyn die bal in 'n effense gaping kry, die ore plattrek en ... in die paal vashardloop.

Die les? Soms mag dit dalk wys wees om oë toe te knyp en eenvoudig in te spring in 'n ding, maar daar is kere dat jy die saak eers deeglik moet oordink. Ongelukkig is dit net met tyd en lewenservaring dat jy leer wanneer om te spring en wanneer om te wag.

Ek het op Mosselbaai grootgeword en ons provinsiale rugbyspan was natuurlik die SWD Arende, wat hulle tuiswedstryde op Outeniquapark op George speel. Dit het my goed gepas, want hoewel hulle nie die WP was nie, was daar darem gereeld Curriebekerrugby in die streek.

Een jaar het ek en my pa op Outeniquapark gaan rugby kyk – hy in 'n losie en ek tussen die mense op die pawiljoen. Dit was die Arende teen Province, en teen alle verwagtinge in was dit nogal 'n hewige stryd. Die Arende het vir omtrent driekwart van die wedstryd voorgeloop. Die WP het egter verwoed begin aanval en het 'n ... ummm ... omstrede strafskop gekry. Toe die WP se skopper (soos ek onthou, was dit Braam van Straaten) die bal sekuur deur die pale stuur om die WP te laat voorloop, het ek opgespring en entoesiasties my WP-vlag gewaai.

Maar ek is binne sekondes op my plek gesit. "Sit, jou WP p***!" het 'n Arende-ondersteuner met twee goue tande my toegesnou. Ek het toe maar gedwee gaan sit en later bedeesd by die huis die WP-oorwinning gevier.

Nóg 'n belangrike les geleer: Wanneer jy in iemand anders se huis is, moet jy jou plek ken.

Nuweland, 1997. Dis weer die WP teen die Vrystaat, maar dié keer is dit die Curriebekereindstryd. Dis die eerste wedstryd wat ek bywoon in dié heiligdom, die Moedergemeente . . . die tuiste van Province-rugby. Dis 'n fantastiese affêre. Die gees van afwagting hang net so dik soos die braaivleisrook oor Laerskool Groote Schuur se veld. Brandewyn en bier vloei vrylik (lemoensap vir my – ek is maar 14) en Leon Schuster se "Province" kom uit alle windrigtings aangerol. Net een Filistyn waag sy lewe met Schuster se "Haak, Vrystaat, haak".

Ek en my pa het opgewonde ons plekke op die Spoorwegpawiljoen, baie naby aan die middellyn, ingeneem. Net voor afskop het die WP-rugbyunie klein rugbyballetjies met die Curriebekerlogo vir die skare gegooi. Maar so tien rye voor ons het twee besope Vrystaat-omies met 'n hengse *V-v-v-v-v-v-rystaat!!!*-plakkaat gesit. En natuurlik was die ding so groot, dit het al die balletjies wat my kant toe getrek het, weggekeer.

Dié stukkie onbedagsaamheid het my bitterlik teleurgestel. Daar sit ek toe – nog meer kind as tiener – en al wat ek wil hê, is een van dié balletjies. Dít het gemaak dat ek daardie dag nooit sou vergeet nie.

Hierdie wedstryd het my 'n hele paar dinge geleer. Die eerste was dat mense meestal hulle eie selfsugtige agendas najaag. Nie omdat hulle noodwendig mislik wil wees nie, maar bloot omdat hulle nie altyd van my bestaan en my behoeftes bewus is nie. (Ek dink egter steeds dit was swak styl.)

Ek het nog iets geleer: Nie te ver van my af nie het 'n outjie van omtrent my ouderdom gesit. Hy was wel 'n bietjie slimmer en het vorentoe gehardloop om van die rugbyballetjies te vang. Toe hy terugkeer en my afgehaalde gesig sien, het hy my een aangebied. Die les: Daar is wel mense wat doodeenvoudig nice is.

Nog was dit nie die einde van my lesse nie: Die tannie wat langs my gesit het (ek skat haar so in haar vroeë dertigs, met bruin hare, 'n Drimac-reënbaadjie, te stywe jeans en heeltemal te veel grimering en juwele), het later my rugbyballetjie gesteel. Toe ek haar daaroor konfronteer, het sy dit ontken. Ek moes dit toe maar terugsteel, want in daardie stadium het dit reeds tot my begin deurdring dat niemand jou battles vir jou gaan fight nie, en dat jy soms maar jou hande moet vuilmaak.

Die WP het daardie dag 14-12 gewen nadat 'n Vrystaat-drie in die laaste minuut nie toegeken is nie weens 'n vorentoe-aangee aan Jan-Harm van Wyk. En dít het my laat besef dat reg en regverdigheid uiteindelik tog sal geskied – al is dit ses jaar later . . .

Sal my vrou dit ooit verstaan? Maak dit werklik saak? Ek verstaan byvoorbeeld glad nie die aantrekkingskrag van winkels soos Sheet Street of Mr Price Home nie, maar dit maak my nie 'n slegte mens nie. Dit maak my ook nie minder lief vir my vrou nie.

En as ons eendag 'n laaitie het wat op slot vir sy skool se o.9-spannetjie uitdraf en saam agter die bal aan bondel, weet ek my vrou gaan die hardste van almal van die kantlyn af skree.

LEON-BEN LAMPRECHT het nooit dieselfde hoogtes op die rugbyveld bereik as sy held, Danie Gerber, nie. Tog ondersteun hy die spel met ewe veel passie as wat hy vir gelyke regte, vryheid van spraak en die reg op trifle as Kersfees-nagereg sal baklei. Dinge waaroor hy nié so passievol voel nie sluit in: verkeersknope in die reën en mense wat hulle steak goed gaar eet. Hy woon saam met sy vrou, Sonika, en hulle twee stout labradors in Kaapstad se noordelike voorstede en is 'n voltydse joernalis.

JUSTINE KRIGE

Met 'n Bok-kaptein by die huis

My man, Corné, speel lankal nie meer rugby nie, maar elke keer wanneer ek terugdink aan sy jare as WP-speler en Bok-kaptein, besef ek opnuut hoe dit ons lewe saam beïnvloed het ... en dit steeds doen.

Vir my begin ons storie eintlik in 1997. Ná my studies is ek Londen toe om twee jaar daar te gaan werk en lewensondervinding op te doen. Corné het in Suid-Afrika agtergebly om sy rugbyloopbaan te vestig en het in die eerste jaar dat ek weg was behoorlik sy merk in die WP-span gemaak. Ons het toe nog net vas uitgegaan.

Aan die einde van my eerste jaar in Londen het ek en 'n klomp vriende die Curriebekereindstryd tussen die WP en Vrystaat in die Springbok Bar, 'n bekende uithangplek vir Suid-Afrikaners, gaan kyk. Corné het uitstekend gespeel. Ek onthou nog goed hoe hy die bal opgetel en gehardloop het om 'n drie te gaan druk. Dalk onthou ek dit so goed omdat hy daarna nie veel ander drieë gedruk het nie, maar hy was daardie dag nietemin my held!

Die WP het gewen en ons het in Londen partytjie gehou dat die biesies bewe. Die spul in die kroeg het my sommer op hulle hande daar uitgedra. Dit was ongelooflik.

Vroeg die volgende oggend het my ma uit Suid-Afrika gebel om te sê dat Corné in die laaste paar sekondes van die eindstryd sy knieligamente geskeur het. Ek was glad nie eens bewus daarvan nie. Hy sou 'n operasie moes ondergaan, wat beteken het dat hy ses maande lank nie sou kon speel nie. Maar dit was nie die ergste nie – hy is gekies vir die Springbokspan, maar weens die besering het iemand anders reeds sy plek ingeneem. Sy droom om 'n Springbok te word, was verpletter.

Soos dit 'n goeie ma betaam, het my ma my daar en dan aangeraai om my tydjie in Londen kort te knip en terug te kom huis toe om Corné te ondersteun. Ek het op die eerste moontlike vlug na Suid-Afrika geklim.

Terug by die huis en Corné is beseer maar desperaat om terug te kom in die span. Hy was so bang dat 'n ander speler na vore sou tree en sy plek inneem. Dit verklaar seker sy ongelooflike dissipline gedurende sy rehabilitasie. In daardie tyd het Percy Montgomery 'n klipgooi van Corné af gewoon. Hulle was albei toe nog relatief klein gebou (Corné sal nie daarvan hou dat ek dit sê nie!) en omdat dit vir sommige afrigters baie belangrik was dat spelers groot genoeg moes wees, begin hy en Percy toe gym dat dit bars.

En hulle eet. Hulle dieet was iets verskrikliks – twaalf eiers en ses koppies rys per dag. Dit was nog die dae voor kreatien. Binne 'n paar weke het hulle soos regte spiertiere begin lyk. Dit was eintlik aardig om te sien hoeveel kos hulle in daai lywe ingeforseer het.

Corné wou terselfdertyd sy eerste woonstel koop. Hy het 'n oulike plek in die oog gehad waarop hy 'n aanbod wou maak, en daarvoor moes hy bank toe om vir 'n lening aansoek te doen. Hy het toe nog 'n baie klein kontrak gehad en is per wedstryd betaal. Hy moes die bank dus oortuig dat hy 'n sekere aantal wedstryde per jaar sou speel. Aangesien dit omtrent die maksimum aantal wedstryde was wat hy kon speel, was daar eenvoudig geen ruimte vir beserings of om uit die span gelaat te word nie. Die ou by die bank moes hom seker baie jammer gekry het, want hy het uiteindelik tog die lening goedgekeur.

Corné was so in sy skik. Ons het ons eerste plekkie gehad en hoewel ons amper op dieselfde plek moes eet, slaap en bad omdat dit so klein was, was ons baie gelukkig.

Gelukkig ... maar nie beseringvry nie. Nie lank ná sy kniebesering nie was Corné in 'n motorongeluk waarin hy amper 'n vinger verloor het. Dit was 'n baie moeilike tyd vir hom, en my hart was stukkend. Skielik het ons paadjie ál hoe langer en steiler begin lyk.

'n Paar maande later begin hy egter weer te speel en vaar hy baie goed – net om sy kakebeen te breek. Vir my was dit seker een van sy slegste beserings, want sy kake was 'n maand lank met drade aan mekaar vasgebind. Ek moes elke dag vir hom sop en Purity maak wat hy deur 'n strooitjie moes drink. Die probleem was dat hy dit nie kon bekostig om spiermassa te verloor nie en hy kon dus nie laat slap lê met die strooitjie nie.

Dit het 'n baie lang maand geword, maar Corné het deurgedruk en uiteindelik wraggies een kilogram opgetel. Daarna het dinge weer beter begin lyk. Corné het goed begin speel en is vir die Stormers én die Springbokke gekies.

Op die ou end was die eerste jare van sy professionele rugbyloopbaan 'n ongelooflik interessante tyd. In 1997 was van die legendariese spelers en karakters uit die era van amateurrugby nog deel van die WP-groep – mense soos Andrew Patterson, Christian Stewart en James Small. My beste rugby-herinneringe is van Corné se dae by die WP en die wedstryde op Nuweland. Daarby het die spelers in 1997 as 'n beloning vir hulle prestasies 'n Oostenrykse ski-vakansie saam met hulle gesinne gekry. Dit was een van die wonderlikste vakansies van ons lewe.

Die daaropvolgende jare, waartydens Corné baie Super 12- en Drienasiesrugby gespeel het, het baie stresvolle tye opgelewer. Die verantwoordelikhede was soveel groter en al die dramas in Suid-Afrikaanse rugby het sy tol geëis, veral toe hy kaptein was.

Dis belangrik om te besef dat die kapteinskap Corné se droom was. Hy het daarvoor gelééf. En daarom het ek hom ten volle daarin ondersteun, hoewel hierdie paadjie nie altyd so maklik was nie. As mens en leier het Corné noodwendig al hoe meer verantwoordelikhede op hom geneem en het dit baie persoonlik opgeneem wanneer sy span verloor het. Hy wou só graag hê dat sy span goed moes vaar. Hy het rugby geëet, gedrink en geslaap. In die aande wanneer hy by huis gekom het, was hy baie gespanne. Hy sou voor die TV gaan sit en die wedstryd oor en oor kyk om te sien waar dinge verkeerd geloop het. Al wanneer hy ooit ontspan het, was wanneer ek en hy met vakansie was – en dit was maar een keer per jaar, vir hoogstens twee weke.

Hoe bekender 'n speler word, hoe meer word hy die publiek se "eiendom". Wanneer jy in die openbaar verskyn, moet jy verwag om onder die vergrootglas geplaas te word. Wanneer Corné tuis was, het ons gewoonlik verkies om tyd by die huis deur te bring, al het die Kaapse ondersteuners meestal ons privaatheid gerespekteer.

Spelers is baie op hulle eie by funksies of sosiale geleenthede waar daar allerhande versoekings is. As jy en jou man mekaar nie absoluut vertrou nie, kan jou verhouding baie skade ly. Uiteindelik het ek geweet dat ek Corné ten volle kon vertrou – en hy vir my. As ons nie dieselfde waardes en respek vir mekaar gehad het nie, sou dit dalk moeilik gewees het. Ek dank vandag die Here dat Hy so goed was vir ons.

Van die heel moeilikste dinge om mee saam te leef, was die media se aandag en die volgehoue kritiek. As daar kritiek oor iemand se spel is, is dit verstaanbaar, maar sommige joernaliste het baie persoonlike aantygings gemaak. Sulke dinge het 'n veel groter uitwerking op 'n speler as wat mense besef.

Wat dit erger maak, is dat die publiek hulle verlustig in die onsin wat oor spelers kwytgeraak word. Ondersteuners raak dan emosioneel en begin hulle eie spelers op hulle tuisveld uitjou. Ek het al baie daaroor getob en gewonder of mense weet hoe die spelers daaroor voel. Dié verskriklike vernedering is die rede hoekom baie spelers Suid-Afrika verlaat, want oorsee word hulle met ope arms verwelkom. Dáár dra die ondersteuners hulle op die hande en uiteindelik speel hulle gereeld beter rugby as wat hulle in Suid-Afrika gespeel het.

Dís ook hoekom dit vir die vroue van rugbyspelers soms baie lekkerder is om oorsee saam met hulle mans te wees as in Suid-Afrika. Daar is minder druk van die media en jou man kan ontspan en sy rugby ten volle geniet omdat hy net op die spel hoef te konsentreer – nie op hoe hy in die koerante afgekraak word nie. Toe Corné vir Northampton in Brittanje gespeel het, was dit vir my opvallend hoeveel anders die media in Engeland die saak hanteer het. Ja, hulle het die nodige kritiek gelewer, maar hulle het nooit persoonlik geraak nie.

Die houding van die Britse ondersteuners maak ook 'n groot verskil. Hulle was ongelooflik. Elke week, of jy nou wen of verloor (en daar was baie verloorslae), was die pawiljoene volgepak. Daar was groot respek vir die spelers en die spel. Wanneer die skopper pale toe aangelê het, kon jy 'n speld hoor val. Eers die absolute stilte ... dan 'n groot lawaai. Sal dit nie ongelooflik wees om so 'n rugbykultuur in Suid-Afrika te hê nie?

Om 'n rugbyweduwee te wees, is natuurlik deel van die lewe saam met 'n rugbyspeler. In 2003 – die jaar van die Rugbywêreldbeker in Australië – was Corné altesaam net veertig dae tuis. Elke vrou hanteer so 'n situasie anders. Ek het maar gekonsentreer op my werk en op my sport, en in my familie en vriende het ek 'n groot ondersteuningsnetwerk gehad.

Soms was die aanpassing nogal groot wanneer die mans teruggekom het van 'n toer, omdat jy dan nét gewoond geraak het daaraan om onafhanklik te wees en jou eie lewe te lei. En dan is daar skielik weer iemand in jou persoonlike ruimte wat jy in ag moet neem. Dit het gewoonlik drie of vier dae geneem vir die verhouding om weer 100 persent normaal te funksioneer.

Maar dan was dit ook nie lank nie, dan moet hy weer vertrek. So 'n week voor die tyd raak jy stil en hartseer omdat jy jou man wéér 'n maand of twee nie gaan sien nie. Gelukkig is 'n mens aanpasbaar en het ons in daardie dae nog nie kinders gehad nie, want dit sou aansienlik moeiliker gewees het.

Snaaks genoeg, was dit vir Corné moeiliker om weg te wees van die huis af as wat dit vir my was om alleen agter te bly. Ek dink die rede is dat die vroue steeds in hulle bekende omgewing was, terwyl die mans ver weg was. Hulle kon nie anders as om na hulle vroue, hulle huise en tuisgemaakte kos te verlang nie!

As ek terugkyk na hierdie reis saam met Corné, bly ek verstom oor hierdie ongelooflike pad wat ons saam geloop het. Dit het vir ons baie deure oopgemaak en ons het sulke wonderlike mense ontmoet. Dit was 'n groot voorreg om deel van die rugbyfamilie te wees.

JUSTINE KRIGE is op Ceres gebore en getoë. Ná matriek is sy na die hotelskool van die Kaapse Technikon, maar het gou besluit kosmaak vir die massas is nie haar nering nie. Sy het toe begin werk as 'n mediese verteenwoordiger vir GlaxoSmithKline, waarna sy 'n paar jaar lank met baie dinge gesmous het – van pille tot diamante. Maar nou smous sy net met haar drie kinders: Sophia (6), John (4) en Peter (2). Die Kriges woon in Melkbosstrand en is lief om saam te gaan surf.

JACO KIRSTEN

Drie dinge wat ons góéd kan doen

Daar is drie belangrike eienskappe wat absoluut elke Afrikanerman het. Eerstens sy geloof dat hy baie goed skiet. Derhalwe is dit net kopskote op driehonderd meter. Laataand word vertel dat die bokke sommer in die hardloop geklits word. Uit die vuis uit. Rukwinde of te not.

Tweedens sy oortuiging dat hy 'n bogemiddelde bestuurder is. Enige 4x4 sal les opsê, en as hy rol of vassit, is dit die "bleddie kar", sy vering of die bande se skuld.

En derdens glo elke Afrikanerman hy't góéie rugby gespeel. Net soos wat amper elke tweede ou "in die Recces" was, is ons land oorvloedig geseën met bulspelers wie se rugbyloopbane kort duskant provinsiale roem of die Springbokke gaan draai het. Die blaam vir die verydeling van hierdie ideaal word gewoonlik vierkantig op "'n besering" geplaas.

Nou, ek is 'n formidabele jagter en enigeen wat my al sien ry het, sal saamstem dat ek kán bestuur. Daarom sal dit tog net logies wees as ek julle van my rugbyloopbaan vertel.

Ek het my eerste rugbywedstryd in Durban vir die Laerskool Port Natal gespeel. Ek kan nou nog nie onthou teen wie hierdie o.9-wedstryd was nie, maar ek weet dat ek in 'n stadium die bôl gekry en begin hardloop het. As jy al ooit rugby gespeel het, sal jy weet watter ongelooflike gevoel dit is om daai leerbal onder jou arm vas te knyp en vet te gee. Die probleem is dat daar 29 ander ouens op die veld is wat óók die bal wil hê. Ek het oor die veld gesigsag op soek na 'n swak plek in die opponente se verdediging, maar uiteindelik moeg begin raak van die heen-en-weer-hardlopery ... en toe word ek aangekeer.

Dit was een van die belangrikste lesse van rugby: Die euforie van hardloop met die bal word gewoonlik gevolg deur pyn uit 'n onverwagse oord. (Wenk: Dis gewoonlik ouens met truie wat anders as joune lyk wat verantwoordelik is vir die pyn.)

My pa was 'n onderwyser wat redelik dikwels agter bevordering aan getrek het. Só beland ons toe in Newcastle, waar ons naweke in die skoolbus klim en gaan speel op plekke soos Utrecht, Ladismith, Vryheid, Dundee en Glencoe. Op Dundee slaan 'n Engelsman met die naam van Trevor Gradidge vir Charl Massyn, ons een flank, met die vuis van sy voete af en die ref doen níks nie.

Nog 'n les: Die lewe is nie altyd regverdig nie.

In standerd 7 hou ek amper op met rugby speel omdat ek 'n nuwe sport ontdek het: BMX-fietsrenne. Maar Pa is 'n onnie en hy sê: "Nee, Koos, jy speel een wintersport en een somersport. Wat jy agterna in jou eie tyd doen, is jou saak."

My skouers hang. Maar reëls is reëls.

In die eerste o.14A-wedstryd van die jaar (ek het twee jaar lank o.14 gespeel omdat ek 'n bietjie vroeg skool toe is) druk ek binne vyf minute 'n drie nadat ek as flank 'n slordige lynstaanbal opgevolg het. Niel Meyer, ons kaptein, klap my op die skouer en sê: "Erken nou maar, dis lekkerder as BMX." Ek glimlag net en draf terug middellyn toe. Die volgende twee jaar speel ek Saterdagoggende rugby en jaag in die middae BMX. Uiteindelik het rugby die oorhand gekry.

En toe trek ons Kimberley toe. Dit was sonder enige twyfel die lekkerste jare van my skoolloopbaan. Ons het begin rook, skelm drink, ernstig vry en harde rugby speel. Twee opponente staan uit.

N.J. Heyns was 'n skool vir leergestremde kinders wat soms ook rugby gespeel het teen "gewone" skole. En een weekmiddag is dit toe ons beurt. Hulle het baie balbesit gehad, maar swak hanteer. En ons het goeie hantering gehad, maar omtrent geen balbesit nie. Ons moes verwoed tekkel en . . . wel, ek kan nie veel meer onthou nie, want ek was kort duskant harsingskudding. Wat ek met sekerheid kan sê, is dat dit baie seer begin raak het na die einde toe. En dat die eindtelling 0-0 was. Dit sê omtrent alles.

Die kere dat jy teen Jacobsdal se landbouskool gespeel het, het jy ook nie sommer vergeet nie. Daar is 'n fyn lyn tussen uitbundigheid en boereboewery langs die veld en hulle het daarvan gehou om die grys gebied weerskante te verken. As hulle eerste span wen, dan is daar met bakkies op die veld gejaag. Hulle was sterk en goed, moenie 'n fout maak nie. Maar jy't hulle nooit gerespekteer nie, want daar het 'n sekere soort ordentlikheid gekort. Hulle was, om dit nou mooi te stel, arrogante bullebakke. Daarom was die 0-44 loesing wat ons o.19B's een jaar op hulle tuisveld gekry het, water op 'n eend se rug. Jy't jou kop geskud, jouself afgestof en aangegaan. Nog 'n lewensles: Die ou wat wen, is nie altyd die oorwinnaar nie.

Dis ook in Kimberley waar Laurie Wiid, een van die onderwysers, my vermaan het om nie die bal skeef in die skrums in te gooi nie. As skrumskakel wat daarvan hou om te praat, moes ek hierdie kwessie eers beredeneer. "Nee, Meneer, ek gooi hom nie skeef in nie. Dit lýk net so van waar Meneer staan. Dis eintlik 'n optiese illusie, Meneer." Ek het gedog hy gaan my moer, maar tot sy eer het hy uitgebars van die lag.

En toe maak ek klaar met skool en my rugbyloopbaan was vir eers verby. In die weermag het ek met my relatief klein lyf – ek het 63 kg geweeg toe ek ingeklaar het – besluit die ouens gaan my seermaak. Ek was in 1 Valskermbataljon en ek móés die keuring slaag. 'n Rugbybesering kon my hele militêre droom vernietig.

Op universiteit het ek ernstig begin valskermspring, en rugby het 'n toeskouersport gebly. En toe begin ek in 1994 werk. Daar was groot opgewondenheid in die lug, want Suid-Afrika sou die volgende jaar gasheer vir die Rugbywêreldbeker speel. Skielik het die rugbyding weer aan my begin krap. Maar tussen my werk as junior joernalis by *Die Volksblad* en daarna by streekskantore in Bethlehem en 'n uitplasing na Welkom deur, het daardie planne gesneuwel. Ek sou nooit weer rugby speel nie. Altans, só het ek gedink.

My meisie, Annalize, is iewers in 1994 verplaas na Brittanje, waar sy vir 'n ouditfirma gaan werk het. Miskien moet ek dit duideliker stel: Sy is Liverpool toe verplaas. Ná ses maande het sy vinnig teruggekom Bloemfontein toe, ons is getroud en elf dae later was ek saam op die vliegtuig op pad terug Liverpool toe.

Maar nie voordat ek gesien het hoe Japan op 4 Junie 1995 die All Blacks in die Vrystaatstadion gepak het nie. Die telling van 17-145 is irrelevant, maar wat ek nooit sal vergeet nie, is dat Japan laat in die tweede helfte 'n drie gedruk het en dat die skare mal geraak het van opwinding.

Só beland ek toe in Engeland. Nou, die noorde van Engeland is sokkerwêreld en as 'n vreemdeling soos ek iewers raakgeloop word, is die eerste vraag: "Wie ondersteun jy, Liverpool of Everton?" Dié twee Merseyside-spanne se ondersteuners is aartsvyande wat die Pretoria-Kaap-wedywering in rugby laat lyk na 'n goedige gespot tydens 'n potjie brug. Om die waarheid te sê, bevind jy jouself op die verkeerde tyd op die verkeerde plek, kan jy gebliksem word. Hárd. Jy kan selfs met 'n mes gesteek word.

Ek het gou agtergekom dat as ek antwoord: "Nie een van die twee nie; ek skree vir die Springbokke," haal jy al die wind uit 'n man se seile. "You wha'?!" gevolg deur 'n verwarde uitdrukking, asof jy so pas vir hom 'n gratis inleidende korrespondensiekursus in kwantumfisika aangebied het.

Die noorde van Engeland ken nie eintlik rugby nie. Wel, nie rugby *union* nie. Want in plekke soos Wigan en St. Helens speel hulle rugby *league* dat dit klap en ek het nog altyd gewonder hoe sterk Engeland se rugby sou wees as daai ysters die dag die vyftienmankode begin speel.

In ieder geval, daar sit ek en Mevrou toe in die sitkamertjie van ons woonstel in 4 Alexandra Road, Waterloo, L22 1RJ, Liverpool, en kyk hoe die Bokke die Wêreldbeker wen. Ons het gegil en mekaar omhels toe Joel Stransky die skepskop deurgejaag het. Die beker was ons s'n! Daar was net een probleem. Niemand, in wat gevoel het na 'n duisend seemyl om ons, het 'n dêm omgegee nie. Dit was lekker warm somerweer in Liverpool en ons tweetjies het met vlaggies en serpe die strate ingevaar op soek na 'n paartie. Maar verniet.

By die eerste kroeg in ons buurt het hulle ons snaaks aangekyk. Onthou, dit was 1995 en die nuwe vlag was seker nog nie baie bekend nie. Maar die wêreld is klein en kort voor lank loop ons 'n Suid-Afrikaanse egpaar, Ashley en Marianne, in ons plaaslike Spar raak. In teenstelling met Londen is daar werklik min Suid-Afrikaners in Liverpool, en ons was erg ingenome.

Toe die Bokke later daardie jaar in Brittanje kom toer, moes ons natuurlik braai, al het dit plek-plek gesneeu. Ek moet erken dat ons heelwat whisky-en-Coke gedrink het (ons kon nie brandewyn by Sainsbury's in die hande kry nie) voordat ek en Ashley ons local, The Victoria, binnegevaar het om die Springbokke se manjifieke oorwinning oor Engeland te vier.

Die Engelse was glad nie beïndruk nie. Veral nie toe ek hulle vra of hulle weet dat The Kop, die bynaam vir Anfield, Liverpool se stadion, van Spioenkop af kom nie en só genoem is ter herinnering aan die honderde plaaslike soldate wat daar dood is nie. Ja, ek was dalk 'n bietjie moedswillig, maar ter versagting moet ek aanvoer dat een van hulle die gewraakte liedjie "I've Never Met a Nice South African" geneurie het.

Ja, ons kan dalk soms lummels wees, maar ons ken van rugby.

En so besluit ek om 'n comeback te maak. Nie ver van ons af nie, in 'n baie posh gedeelte genaamd Blundellsands, was daar 'n rugbyklub genaamd Waterloo Rugby Football Club. Op sy dag was Waterloo RFC nie 'n slegte klub nie, maar in 1995 was hy – helaas – net 'n skadu van wat hy eertyds was. Dit was 'n effense probleem om span te kry, aangesien die seisoen al begin het en ek 'n algehele vreemdeling was. Toe kry ek plek in die Colts-span (eintlik maar 'n junior ontwikkelingspan). Ek was opgewonde en is soontoe in my baadjie en das, nuwe toks blinkgepoets.

Ek kon jag, ek kon bestuur én ek kon rugby speel. As Afrikanerman was dit my geboortereg.

Daar aangekom, kry ons die slegte nuus: Die wedstryd is afgestel. My moed het tot in my blink, swart skoene gesak. My comeback was vir eers in skerwe.

Totdat een van ons beamptes uitasem nadergedraf het en ons vertel het van 'n probleem. Sien, ons Golden Oldies (die bo-35-span) moes speel teen die besoekende span van Wrexham, Noord-Wallis, maar Wrexham het drie ouens gekort. Sou 'n paar van ons nie vir Wrexham wou speel nie?

Gits, dra die Pous snaakse klere?

'n Uur later het ek vir Wrexham opgedraf, nadat ek my nuwe spanlede skaars vyf minute voor die tyd ontmoet het. Ek moes ongelukkig inval op senter, al verkies ek eintlik skrumskakel, en begin dus die wedstryd voel-voel. Die ouens van Wrexham was ook nie juis vandag se kinders nie, en ek dink hulle het mekaar kans gegee dat die senings en hammies eers opwarm voordat hulle voluit gegaan het.

En toe kry Wrexham se scrummie seer. Half benoud vra die kaptein: "Who can play scrumhalf?" Hy kon net sowel gevra het wie vir Minki wil kom suntan lotion insmeer. Die res van die wedstryd was baie lekker. Ek het 'n paar goeie breke om die steelkant van die skrum gemaak en só twee drieë geskep. Ek het ook, ter wille van balans, van die stupidste taktiese skoppe in my lewe geskop. Ek dink hulle heelagter het naderhand begin wonder wanneer ek gaan ophou om so baie balle in sy broodmandjie in te skop.

Maar die uiteinde was dat Wrexham net-net verloor het teen Waterloo RFC se Ou Menere. En tog was rugby daardie dag die wenner.

En, op 'n manier, ek self ook. Want die vriendelike Walliesers het my agterna oorval met biere – veral die regtervleuel, wat 'n drie of wat kon druk ná my breekslae.

Ek en die Walliesers het gepraat oor boerdery, oor rugby, die ref, oor bier en vrouens – die gewone, universele goed. Ons het saam kaal in 'n groot bad gesit en bier drink. Heteroseksuele ouens wat minder as twee uur tevore nog wildvreemdelinge vir mekaar was. Dis maar net nóg een van die vele wonders van rugby.

Maar ten spyte van al my foute (ek's geneig om my jagvermoë, bestuursvernuf en rugbytalent soms aan te dik) het ek uiteindelik besef dat groot rugbyroem my nie beskore is nie. Ek het 'n brief huis toe geskryf waarin ek vir die familie vertel het dat ek nou 27 is – die ouderdom waarop sowel Jim Morisson en Jimi Hendrix dood is – en dat dit dus 'n waterskeiding simboliseer. Maak nie saak hoe ek daarna gekyk het nie, ek was te oud om nog 'n comeback te maak en Springbok te word – selfs nie eens in my wildste drome nie.

'n Oomblik het ek stil geraak. Die finaliteit het swaar op my gerus . . . Maar toe onthou ek hoe goed ek kan jag en watter begaafde bestuurder ek is. Ek bedoel, jy moet seker in 'n stadium terugstaan en die jonger laaities ook 'n kans gun, nie waar nie?

JACO KIRSTEN is 'n rugby-aanhanger, joernalis en skrywer (in daardie volgorde van belangrikheid) van Kaapstad wat in Pretoria gebore is en 35 jaar lank vir die Blou Bulle geskree het voor sy gewete hom begin pla het en hy 'n passievolle WP- en Stormers-man geword het. Bryan Habana se koms Kaap toe het sy gewete verder gesus. Hy was op skool 'n baie gemiddelde speler en het nog nooit 'n reëlboek gesien nie. Maar soos die meeste ouens keer dit hom nie om kommentaar te lewer oor spelers, afrigters, wedstrydplanne en skeidsregters nie.

PIET CROUCAMP

Op reis met rugby

Die lewe is so onvoorspelbaar soos die hop van 'n rugbybal. Afhangende van die weer, die skopper se planne, die gehalte van die teenstanders en, les bes, die hop van die bal, word jy toegejuig, geboe of soms selfs geïgnoreer nadat jy jou beste skop gegee het. Dié lessie het ek al vroeg in my lewe geleer.

Dit het alles begin toe ek in die storm-en-drang van my vertraagde puberteitsjare aan die Universiteit van Stellenbosch betrokke raak by 'n argument oor die moraliteit van privaatbesit. Die uiteinde was dat ek stert tussen die bene moes koers kies na Namibië, en dit in 'n vriend se BMW 2.8i waarop ek 'n opsie gehad het, maar wat ek nog nie naastenby betaal het nie. (Dis dieselfde vriend wie se Lada Niva ek enkele maande tevore in Windhoek se Talstraat afgeskryf het, ná te veel drank, te veel vroue en haastig op pad na nog meer te veel.)

Op een van daai bloedige warm dae, tussen een en twee die middag, beland ek weer in Talstraat, en ten spyte daarvan dat niks vreemds in my bloedstroom is nie – behalwe my genetiese cholesterol – beland ek weer in die verkeerde baan, dié keer voor 'n vrou met 'n nuwe Golf GTi. Toe die afgeleefde BMW agter 'n aasvoël se toutrok staan, daal die besef op my neer dat ek nie meer vreeslik welkom in Stellenbosch sal wees nie en dat Windhoek ook te warm geword het vir my.

Soos die Engelse sê: *Go big or go home.* Drie weke later sit ek dus in 'n vliegtuig op pad New York toe, met die geldjies wat 'n vriend se versekering uitbetaal het vir 'n motor wat nooit aan my behoort het nie. In my agterkop is die gedagte om van oos na wes oor Amerika te ryloop – van New York tot in San Francisco. Om liggaam en gees bymekaar te hou, sal ek konstruksiewerk doen en rugby speel.

Dit is 'n lang vlug waarin 'n onstuimige, gefrustreerde ou soos ek tyd het om te besin. Die vlug word 'n loutering. Dit is dalk nou die tyd vir 'n nuwe begin, dink ek. Tyd om my medemens en sy eiendom te begin respekteer. En al is geweld die kortste pad na respek, is dit net die boewe wat die geweldenaar respekteer. Vrees en respek lyk dalk na dieselfde ding, maar is na alle waarskynlikheid nie bloedverwante nie. Werk hard en speel skoon; drink lekker maar matig. Lieg min maar met oortuiging, soos iemand wat glo in sy saak. Toon empatie met pyn en onkunde, maar verfoei naïwiteit.

Dít was die trant van my introspeksie, en toe die Air Zambia DC10 deur die wolke sak en die World Trade Centre se Twin Towers – toe nog ongeskonde – in die oggendstond troon, was my estrogeenvlakke so hoog dat dit net 'n paar snye met 'n klein skalpel sou geverg het om 'n geslagsverandering te ondergaan. Die veertien-uur-lange vlug was vir my 'n Damaskuservaring, en my eerste tree buite die vliegtuig se gapende deur so pynloos soos 'n epidurale geboorte. Vanaf die woestynland het 'n ster my gevolg en 'n helder lig het oor die Big Apple gehang. Drie asters in maagdelike wit pakkies het my aan die voet van die trappies begroet.

Ek het toe al gehoor dat Chicago Amerika se rugbymekka is. Dié kroon van die Middeweste is vir Illinois wat Bloemfontein vir die Vrystaat is, en dít is waarheen ek op pad was. Gerugte wil dit hê dat daar meer prokureurs in Chicago is as in die hele Groot-Brittanje, en ná my DC10-bekering pas dié ingesteldheid op reg en orde my soos 'n handskoen. Gedurende die ure op die langpad, in die een vreemde motor ná die ander, groei die gewaarwording in my dat Chicago nie anders kan as om my met die openheid en saligheid van 'n moederskoot te ontvang nie.

In Amerika geniet rugby waarskynlik dieselfde status as vrouerugby in Suid-Afrika, maar in Chicago – so verneem ek – word dit behoorlik gespeel: hard, skoon, en eerlik. My kontak hier is ene George Mostert, voormalige Blou Bul-senter. Hy het vir die rugbyklub Chicago Lions gedoen wat Dok Craven vir Stellenbosse rugby gedoen het. In meer as een opsig 'n edele mens, kom ek weldra agter.

Die Mostert-gesin hou vir eers met my huis en kort voor lank staan ek met 'n rugbybal in die hand op 'n oefenveld langs een moerse stuk water, die Michiganmeer. Die Suid-Afrikaanse invloed beteken dat die oefeninge meestal deur 'n touchies-wedstryd voorafgegaan word, dan 'n lekker draffie vir 'n paar kilometer vir fiksheid, gevolg deur die stapeldieet van dom rugby: nimmereindigende koppestamp-sessies.

Die Yanks kom in die meeste gevalle eers ná hulle skoolloopbaan met rugby in aanraking, en dit duur dus 'n seisoen of tien om die kopomlaag-stormlope van gridiron uit hulle te kry. George benut my kennis en ervaring ruimskoots, en ek moet myself aanhoudend daaraan herinner dat geweld 'n teken van breinverstarring is.

Nadat die vuiste 'n slag in 'n koppestampsessie begin klap, is ek gereed met 'n preek: Mense, die meeste van julle is prokureurs of professionele mense, en aggressie moet op 'n beskaafde wyse gekanaliseer word.

En wat 'n verrykende ervaring is dit nie. Ná jare van die belhamel wees, kry ek die kans om die manne uitmekaar te maak en streng dog regverdig te vermaan. My wedergeboorte het sy eerste toets geslaag. In die spankamer kom groet die manne hartlik – hierdie blare het duidelik g'n benul van my ongure verlede nie.

Kort daarna vertrek George vir 'n kort vakansie en ek word gekies om agsteman te speel teen 'n span van Milwaukee. Die Amerikaners het, danksy Arnold Schwarzenegger, gimnasiums ontdek lank voordat die konfytblikke vol sement in Suid-Afrika plek gemaak het vir behoorlike staalgewigte, en Milwaukee se losskakel lyk meer soos Os du Rand as Naas Botha. Trouens, albei spanne spog met 'n paar monsters wie se gewig alleen die All Blacks 'n hele agtermiddag sou kon besig hou.

Die geweld van die afskop het my terug in die baarmoeder in gedryf. Teen die tyd dat ek tot verhaal kom, staan 'n blinkoog-haker tussen my en die voorry. Ek verbind laasgenoemde dadelik met die oorsaak van my trauma. My primitiewe instink kry die oorhand oor my nuutgevonde pasifistiese oortuiging en toe almal tot verhaal kom, sit-lê die vaskopstut van Milwaukee soos 'n moedelose baba met sy voorkop plat op die gras tussen sy knieë.

Die sny tussen my oë vertel die verhaal van my heldeverering vir die Stoop-broers van die ou Suidwes-Afrika vir wie kopslaan 'n manier van kennis maak was. My eie spanmaats lyk verslae en die skeidsregter kan nie genoeg moed bymekaar skraap om my af te stuur en so dalk verdere geweld uit te lok nie. Die lang pad na die hoofpawiljoen pak ek toe maar op eie inisiatief aan.

Later die aand dwaal ek deur die sogenaamde South Side van Chicago, waar daar meer blues bars as prostitute is, en die middag se trauma is tydelik iets van die verlede. 'n Oukêrel in een van die kroeë wat die blou van sy miserabele bestaan op 'n temende ukulele en emosionele bekfluitjie uithaal, word 'n wyle 'n soort vaderfiguur vir my. En aangesien ek die enigste wit gesig in die plek is, is ek te skrikkerig om te sê ek kom van Suid-Afrika. Toe word ek weer 'n Namibiër – 'n land waarvan die bluesman nog nooit gehoor het nie.

Die volgende dag word 'n nota by my afgelewer wat my verbied om 'n jaar lank enige rugby in die Middeweste van Amerika te speel. Dis moeilik om jouself twee keer in een leeftyd te bekeer. Deurtrek van die sonde vat ek die pad wes, in die rigting van San Francisco.

My selfvertroue is effe laag en die selfbejammering kasty my. Skielik is my geld min, want met die rugby wat nou nie meer daar is nie, is die paint job ook moer toe. Soms staan ek meer as 'n dag lank langs die pad voordat iemand my oplaai, maar as die geleentheid uiteindelik kom, sluit dit dikwels 'n Big Mac en 'n Coke in. Baie mense laai my op met die hoop dat ek dwelms by my sal hê. In Omaha, Nebraska, kry ek 'n werk – ek moet lekkende dakke regmaak, maar die mense weet nie eintlik van rugby nie.

Met geld kom drank, en met drank . . . vroue. Die vrou wat my die laaste lift tot in Omaha gegee het, se kopligte skyn huis toe en haar niksvermoedende eggenoot ontvang die man van Afrika gul – sy gemoed goed geolie deur minstens 'n halwe kas waterige Budweiser. Aangesien sonde weer my ding is, kyk ek deur die loop van die nag gedurig oor haar skouer na haar snorkende dronker-helfte wat met sy boepens boontoe lê op wat eens die kinders se bed moes gewees het.

Die volgende oggend stel hy my voor aan sy baas en teen die middaguur sit ons, verfkanne tussen die knieë, saam en praat oor apartheid. Hy verstaan die *hate*-deel van apartheid goed, sê hy; hy haat self 'n paar African-Americans. Eintlik haat hy hulle almal. Veral sy twee halfsusters en sy broer se aangetroude familie verdien om by die Rockies vir die aasvoëls afgemoer te word.

Ons praat veertien dae lank seks en politiek voor ek aanstryk San Francisco toe. Die boheemse woonbuurt Haight Ashbury klink na die plek om te wees. Teen die tyd dat 'n góéd gerookte trailer trash-gesin my anderkant die Mississippi oplaai, het ek Jack Kerouac se *On the Road* sewentig maal sewe keer gelees. Die vrou beweer sy het die politieke aktivis Abbie Hoffman verskeie kere ontmoet en selfs sy medestryder Jerry Rubin van sy maagdelikheid bevry. Die kinders sit en lees elkeen hulle eie eksemplaar van Hoffman se *Steal this Book* en die 18-jarige dogter oorhandig ná 'n rituele plegtigheid hare aan my.

Ná 'n uitmergelende ryloopsessie, waartydens die polisie meer belangstelling in my toon as wat goed is vir 'n lae selfbeeld, staar ek deur die vensters van 'n vodderige Amerikaanse motor na die Golden Gate-brug. My droom is bewaarheid – ek het dwarsoor die VSA geryloop!

Voor die munisipale kantore kampeer 'n paar honderd simpatiseerders met die draers van MIV, en ek slaan my tentjie tussen hulle op. Dis gratis blyplek en daar is byna voltyds 'n sopkombuis. Die uitgesproke digter Allen Ginsberg is in die stad; later ook Bob Dylan. Ginsberg se dekadente bestaan fassineer my, en nadat ek hom by 'n poetry reading ontmoet het, het ek groter begrip vir diegene wat uitsien na die wederkoms.

Bedags stap ek kilometers ver na die Golden Gate Park toe. Daar is verskeie sportvelde en ek hoop dat ek iemand met 'n rugbybal in die hand sal raaksien. Twee Saterdae later is ek op die spelerslys vir 'n span van Marin County.

In hierdie stadium deel ek 'n huis met 'n spul Mexikane. My kamer is niks groter as 'n instapkas nie, met 'n vlooivlei vir 'n matras op die vloer, maar spog met 'n platespeler en Dylan se hele oeuvre. Tim, die een voorry van my span, is my baas by 'n konstruksiemaatskappy. En hoewel ek vrot is van die sonde, is die duiwel ooglopend nie 'n slegte reisgenoot nie.

Ons werk twaalf uur per dag soos slawe, maar die geld is goed. Die rugby-oefening duur saans twee uur en dan is die boys nog vier uur lank in die plaaslike kroeg. Ek het as weeskind grootgeword en in my kinderhuisjare het ek gedroom van the good and easy life. Skielik het dit vir my gevoel dat ek arrive het.

Op 'n kol stuur 'n skeidsregter my van die veld af omdat ek na hom gespoeg het. In Reno, Nevada, kos 'n vuishou my die tweede helfte van die game, en in 'n vieslike, vuil wedstryd naby Los Angeles bliksem 'n span van die Suidsee-eilande sewe soorte stront uit my uit.

Maar lekker is vingerlank, en toe ek weer sien, is ek terug in die klas op Stellenbosch. My dierbare vriendin en minnares Helena rehabiliteer my met liefde en deernis – iets wat die Eros-gemeente in Windhoek nie kon vermag nie. En soos wat ek grade verwerf, word ek hopeloos te belangrik om die euwels in my gene weer vrye teuels te gee. Uiteindelik kry ek 'n pos by 'n universiteit, en 'n mooi, slim regsgeleerde sweer trou aan my.

My lieflingseun speel nie rugby nie. Soos sy pa, het hy dit teen die aggressie. Maar in die stilte van my binnekamer mis ek nog soms die hitte van die oond. Dan weet ek in die diepte van my gepasifiseerde gemoed dat rugby ons almal 'n kans gee – vet of maer, slim of dom, atleties of sterk, bekeerd of onbekeerd. En die hele boksemdais kan saam speel, of sommer net saam reis.

PIET CROUCAMP doseer politieke wetenskap aan die Universiteit van Johannesburg, vertroetel 'n klein gastehuis in Melville en boer met skaap naby Koës in Namibië. Sy voorliefde vir groot veeldoel-motorfietse (spesifiek die BMW R1200 Adventure) en spoed hou hom op die agterpaaie van die lewe en skuins oorkant die naaste tronkdeure. Rugby is eintlik 'n spel vir gedissiplineerde atlete wat onder uiterse spanning steeds op hulle voete kan dink; Piet het nooit groot rugby gespeel nie. Hy het net sy kinders lief.

COLYN TRUTER

'n Groentjie in swart

Daar staan ek toe gedas en gebaadjie in 'n Nieu-Seelandse klubhuis en doen die haka! Dít terwyl my rugbyloopbaan veronderstel was om op Stellenbosch te begin en, ja, in die Groen-en-Goud te eindig.

Jy het reg geraai: Dit het alles met 'n besering begin.

In 1999 was ek eerstejaar aan die Universiteit van Stellenbosch, en my doelwit die Matiespan. En dis nou net waar die besering inkom: Ek ontwrig my skouer – in 'n koshuiswedstryd, nogal – en kan nie eens in die eerstejaarstoernooi speel nie. Toe ek uiteindelik weer reg is, moet ek my op die Boland verlaat om vir 'n provinsiale o.21-span gekies te word . . . tevergeefs. En toe is my universiteitsdae verby.

Dis egter nog lank nie die einde van my rugbydrome nie en pleks van 'n gap year in Londen besluit ek toe om oorsee te gaan rugby speel. 'n Kanadese seisoen met 'n eindstryd in temperature ver benede vriespunt volg, en toe ek my oë uitvee, staan ek op Auckland se lughawe. Als my vriend Dirkie Cloete se skuld.

Dirkie het intussen met 'n Nieu-Seelandse klub onderhandel en só gesorg dat ons twee in April 2004 aanmeld by die klub Te Puna in die dorp Tauranga in die Bay of Plenty. En dis nou waar die storie regtig begin. Ons het die Woensdagoggend geland en dieselfde aand nog ingeval vir 'n oefening – die enigste wit laaities in 'n span vol Maori's, en boonop nog Suid-Afrikaners ook.

Maar uit die staanspoor val die mense se vriendelikheid ons op; hulle het ons dadelik tuis laat voel. Ná die oefening is daar selfs 'n verwelkomingspartytjie waar ons klub- en oefenklere aan ons oorhandig word. Die Saterdag is die eerste wedstryd en ons sal van die reservebank af speel, al is ons vrek moeg en vlugvoos. Maar ons is reg vir die uitdaging.

Te Puna speel in die Bay of Plenty se superliga, 'n klubkompetisie in die streek van die Waikato Chiefs. Hoe moeilik kan dit nou wees? reken ons. Maar ons misreken ons: Anders as in Suid-Afrika, speel al die provinsiale spelers eers in die klubkompetisie voordat die National Provincial Championship of NPC (hulle ekwivalent van die Curriebeker) begin, en dit maak dié kompetisie natuurlik 'n perd van 'n ander kleur. Jy speel teen verskeie top- provinsiale en All Black-spelers, en daarby is die Maori's reuse. Een van ons klublede se seun is sestien, weeg 106 kg en speel flank vir sy hoërskool, maar hy is vinniger as van ons agterspelers.

Niks kon ons egter voorberei op ons eerste smakie van Nieu-Seelandse klubrugby daardie Saterdag nie. Die weer was ongelooflik, 'n groot skare het opgeruk en ons was almal vuur en vlam. Dis ook ek en Dirkie se kans om te beïndruk; ons sal moet uithaal en wys.

Terwyl ons ons plekke op die reservebank inneem, draf die teenstanders op die veld. Liewe donner, die ouens is groot! Die agterspelers lyk soos slotte. Ek sê vir Dirkie: "As hier vandag iemand seerkry, gaan jý op. Ek tackle nie 'n moer een van daai manne nie."

Dirkie – oorspronklik van Robertson – is 'n groot agterspeler wat meestal op senter, maar soms ook op heelagter, uitdraf. Ek sien hy staar na die ou teen wie hy sal moet speel. Met sy kop wat voor kaal geskeer is en agter 'n gevlegte poniestert wat tot op sy broek hang, lyk dié perd soos iemand uit die fliek *The Last of the Mohicans*. En hy is so groot soos Bakkies Botha!

Soos die noodlot dit wil hê, word ons senter binne twintig minute afgedra en Dirkie moet opgaan. En net daarna kry ons losskakel ook seer en ek word nadergewink. Ek neem langs Dirkie stelling in en sê: "Al skêr die manne, moet jy daai reus tackle, want ek tackle nie; ek trip."

Die Maori's speel nie die tipiese All Black-rugby wat ons so bewonder nie. Hulle speel meer die soort rugby wat jy op die Suid-Afrikaanse platteland sien. Jy verniel eers die ander span voordat jy die bal begin rondgooi; jy vat die kortste pad vorentoe, bo-oor alles wat voorkom.

Toe ons ná die wedstryd hand skud, trek die eerste speler wat op my afkom my aan die arm nader en kom met sy kop. Ek koes vir die vale – die ou wil my met die kop stamp! Maar 'n spanmaat sê van agter dis reg, ek moet net dieselfde doen: Jy moet jou voorkop teen die ander ou s'n druk en hom stip in die oë kyk – dis 'n teken van respek vir mekaar.

Só oorleef ek en Dirkie toe tog ons eerste wedstryd, en die volgende maand of twee geniet ons behoorlik. Alles is nuut en opwindend; daar is so baie nuwe plekke om te sien en spanne om teen te speel. Dit is 'n tradisieryke klub en ons maak gou goeie vriende en kuier gereeld in Bahama Hut, een van Tauranga se bekende uithangplekke. Een van die goeie vriende is 'n Samoaan genaamd John Brown. Hy is 'n senter en een van die hardste spelers saam met wie ek nog gespeel het. Hy het op veertien 'n beurs van die Universiteit van Auckland gekry en sy hele gesin het van Samoa na Nieu-Seeland getrek. Teen die tyd dat hy klaar was met skool en begin studeer het, kon hy aansoek doen om burgerskap. Dis hoe so baie van die Suidsee-eilanders in die All Black-span beland.

Maar ai, ons span . . . Wel, kom ek sê maar ons het nie na ons volle potensiaal gespeel nie. Algaande het ek die indruk gekry dat ons wedstrydplan nie geskik was vir ons spelers nie. Wat egter moeilik was om te verstaan, is dat die selfs die NPC-spelers alles so gelate aanvaar het en geen poging aangewend het om die span beter te laat speel nie. Almal het tog geweet waar die foute lê.

As passievolle sportman (en baie swak verloorder) kan ek later net nie meer stilbly oor ons span se spelpeil nie en na nóg 'n sukkelwedstryd sê ek met die Maandagoefening my sê.

Doodse stilte volg. Die ander spanlede gluur my net aan, en verander dan die onderwerp.

Ná die oefening kom een van die senior spelers na my en verduidelik dat hulle met my saamstem, maar dat niemand dit durf waag om met die "chief" te stry of hom te probeer voorsê nie. Jy lug net jou mening as hy daarom vra.

Wat ek nie besef het nie, was dat ons afrigter die nuwe hoof van die plaaslike Maori-stam was. Hy kon dus sê en doen net wat hy wou. Ek moes van beter geweet het. Al speel jy vir die All Blacks, sal jy nooit as te nimmer vir die chief sê wat hy moet doen nie.

Sedert daardie oefening versleg my verhouding met die chief ook, en kort voor lank kry ek die gevoel hy kan nie wag dat ek seerkry sodat hy my kan vervang nie. Al wat my van summiere ontslag gevrywaar het, was die feit dat ek baie goed oor die weg gekom het met die twee oudste klublede – en die chief sou nie sommer iets doen waarvan hulle nie gehou het nie.

In die groepwedstrydfase speel ons in Rotorua op 'n nat en modderige veld. In 'n stadium gee ek 'n hangskop, 'n opponent duik my laat en ek verstuit my enkel. Ek weet dis die oomblik waarvoor die chief gewag het en ongeveer vyf minute lank probeer ek om deur die pyn te speel. Maar toe kan ek dit nie langer uithou nie en verlaat die veld. Drie weke af.

Ek wou so vinnig moontlik weer begin speel, want ek wou die chief nie kans gee om van my te vergeet nie. Maar teen die tyd dat ek weer reg was om te speel, het ons verhouding só versuur dat niks meer 'n plesier was nie. Selfs Dirkie kon dit nie meer uithou nie.

My tyd by Te Puna was egter nie net sleg nie. Dit was 'n groot voorreg om in so 'n rugbymal land te kon speel – en boonop in 'n Maoriklub, wat baie anders is as enige klub in Suid-Afrika. Dit sal my altyd bybly dat selfs hulle jonger spelers Springbokke soos Danie Gerber, André Joubert en André Venter kan onthou en geweldig hoog ag.

Maar die mooiste ervaring was om blootgestel te word aan die haka-tradisie. Ek en Dirkie moes sommer met die intrapslag elke aand Te Puna se haka leer – twee ander spelers het ons touwys gemaak. Maar anders as die All Blacks, doen klubspanne die haka ná die wedstryd – en dan nie op die veld nie, maar in die klubhuis.

Ná die wedstryd stort jy en trek jou klubklere aan – swart broek, klubhemp en das. Daarna gaan jy na die klubhuis vir die dinee. Hier kry elke afrigter die kans om sy mening oor die wedstryd te gee en – glo dit of nie – die skeidsregter moet ook sy indrukke deel. Dan kom die deel waarna ek elke keer die meeste uitgesien het: Elke span doen sy haka voor al die gaste. Die emosie, passie en adrenalien wat jy ervaar wanneer 22 spelers so 'n haka doen, is onbeskryflik.

As ek terugdink daaraan, besef ek net weer: Dit maak nie saak van watter agtergrond, ras of nasionaliteit jy is nie, rugby hét die vermoë om almal te verenig.

COLYN TRUTER is 'n sportfanatiese wynbemarker wat in die Boland grootgeword het en tans vir die wynlandgoed Rietvallei naby Robertson werk. Sy grootste droom is om 'n sportaanbieder te word en mense te vermaak, maar ook sy mening op 'n groter platform met die publiek te deel. Daarom het hy sy eie blog begin (*www.thelegofwine.blogspot.com*). Hy sal eendag ook graag wil afrig, maar voel daar is darem nog 'n seisoen of twee oor om te speel.

ALETTA GARDNER

'n Rugbymeisie kom huis toe

My kop is stewig tussen twee ander girls se bene vasgeklem. Hoe op aarde het ek hier beland? Skielik raak dit baie ... intiem. Gelukkig sien die afrigter die ongemaklike uitdrukking op my gesig, want hy begin lag.

Ek dink nie ek sal my eerste skrum ooit vergeet nie, en daarna was dit so duidelik soos daglig dat gewone tekkies nie sou deug vir dié sport nie. Vastrap is bykans onmoontlik op 'n veld wat altyd effens klam is – dis nou die kere dat dit nie heeltemal pap van die modder is nie.

Ek kan nou nie sê dat dit nog altyd my droom was om rugby te speel nie. Ek is nie 'n baie groot meisie nie en dit sou verstandiger gewees het om eerder iets soos pluimbal aan te pak, of om – soos normale vroue – drie keer per week te gaan gym. Boonop het ek al sedert my skooldae sport, veral spansport, soos die pes vermy. Tog het ek my op 25 in 'n sportwinkel bevind op soek na 'n paar toks vir vroue.

Waar het dit alles begin? Wel, enigiemand wat grootgeword het in die destydse Verwoerdburg (nou Centurion) sou gesukkel het om nie blootgestel te word aan rugbykoors nie. My pa het my van kleins af mooi vertel dat ons vir die Blou Bulle skree. Hy het 'n ruk die Bulle se rugbybroekies in sy klerefabriek vervaardig en my sussie het as 'n student in grafiese ontwerp in die 1990's 'n logo vir hulle geskep. Ek was dus reeds op laerskool 'n trotse Bul, al het ek nie eens geweet presies hoe lank 'n wedstryd duur nie.

Tydens die Rugby-wêreldbeker van 1995 was ek net elf jaar oud, maar daardie eindstryd sal ek vir altyd onthou. Die adrenalien. Jou hart wat in jou keel sit. Die onmoontlike wat werklikheid word en die glorie toe Francois Pienaar daai beker omhoog hou! Dit sou egter nog 'n tydjie neem voordat rugby vir my 'n volwaardige passie word.

Ek was 15 toe ons gesin na Engeland verhuis. In daardie tyd het ek met 'n groot hongerte gesoek na enigiets op televisie wat hoegenaamd 'n Suid-Afrikaanse verbintenis het. Die rugbyseisoen was 'n baie lekker tyd, want jy kon jou patriotisme met trots uitleef en jou heimwee 80 minute lank troos. Dan was daar natuurlik die kosbare biltong wat deur Heathrow ingesmokkel is en tydens wedstryde uitgedeel is.

Die passie het na nóg 'n hoër rat oorgeskakel toe ek ná universiteit twee jaar lank saam met 'n half-Nieu-Seelandse vriend gaan woon het op Guernsey, 'n piepklein eiland in die Engelse kanaal. Sy gesin was geesdriftige All Black-ondersteuners en ons het mekaar gedurig geterg oor wie nou eintlik die beter span is.

Teen hierdie tyd kon ek dit nie verduur om 'n enkele Springbokwedstryd mis te loop nie (ek bedoel op TV, want in daardie stadium het ek nog nooit 'n toets bygewoon nie). Ek was vasgenael voor die televisie vandat die eerste Springbok op die veld uitgedraf het totdat die manne in die ateljee weer op die skerm verskyn het. Ek het selfs tydens 'n reis deur Mexiko die 2007-Wêreldbeker met rasende entoesiasme gevolg.

Dit was op die einste Guernsey dat my vriend my begin aanmoedig het om by die eiland se nuwe, herstigte vrouespan te gaan aanmeld. Ek sou nie sê ek het die gedagte absurd gevind nie, maar ek kon aan baie redes dink waarom dit nie so 'n goeie plan was nie: 1. Ek was te oud. 2. Ek sou baie oefensessies misloop omdat ek dikwels laat werk. 3. Dit bring 'n klomp uitgawes mee. 4. Ek kan sleg seerkry, en wat as ek boonop nie daarvan hou nie? 5. En dan praat ek nie eens van wat my ouers daarvan sal dink nie – hulle sal natuurlik wonder oor my seksuele voorkeure.

Dit het dus na 'n goeie kompromie gelyk om net een keer te gaan – net een keer! – sodat ek darem kan sê ek het probeer. Ek was egter glad nie voorbereid op die gevolge daarvan nie.

Skielik het ek besef my passie vir rugby hou nie op by skree op die TV met 'n mond vol droëwors nie; dat dit definitief nie gaan oor dertig manne se kuitspiere nie (wel, nie nét dit nie) en dat die opgewondenheid wat ek voel wanneer ek 'n wedstryd kyk, nie net 'n vlietende opwelling van patriotisme is nie. Die bloed en die sweet, die álles gee en nog dieper delf wanneer jy dink jy't niks meer oor nie. Die stryd. Die vinnige besluite, die dobbelspel om 'n kans te vat wat 'n hele wedstryd kan swaai. Dít het my hart laat klop.

Nie lank daarna nie het die nommer 14-trui aan my behoort en sit ek in 'n tandartsstoel terwyl ene dokter Meyer (een van minstens drie Afrikaanse tandartse op die eilandjie) 'n gietvorm van my tande neem. Ons eerste wedstryd was net 'n paar weke weg en ek moes opsluit 'n goue mondskerm kry – ek ondersteun mos die Groen-en-Goud!

Ons eerste kragmeting was net 'n "vertoonwedstryd" gedurende die rustyd van 'n wedstryd tussen 'n plaaslike mansklubspan en besoekers uit Londen. En as ek sê "ons", praat ek van 'n bont spulletjie: 'n Suid Afrikaner, 'n Kiwi wat bedags vir 'n groot oliemaatskappy gewerk het, 'n piepklein rooikoppie wat vir 'n stokperdjie snags toertjies op 'n paal in haar huis gedoen het en dan video's daarvan op Facebook geplaas het ... Daar was ook 'n baie bleek, skraal ma van twee wat verskriklik maklik gekneus het, 'n jong blondine met wimpers en bene so lank soos Bambi s'n, 'n skaam, rooigesig Ier, 'n krulkop Australiër, 'n kort, mollige vroedvrou en 'n paar ander plaaslike meisies met doodgewone loopbane in die bankwese of regte. En moenie vergeet van ons Walliese afrigter nie!

Elke Woensdagaand was dit ons afrigter se taak om basies van heel voor af te begin – hoe om 'n bal te gooi, hoe om 'n bal te vang, hoe om te tekkel en hoe om te val. 'n Verstuite vinger, 'n elmboog teen die skouer en 'n kop teen die ken het my op die moeilike manier geleer om met selfvertroue 'n duikslag uit te voer en om láág te mik. Maar ons afrigter se grootste frustrasie was die eindelose stryd om ons op die veld te laat kommunikeer. Dit het glad nie natuurlik gekom nie en omdat ek net TV-blootstelling aan rugby gehad het, het ek nooit besef hoeveel 'n mens met mekaar moet praat gedurende die spel nie.

Maar die grootste uitdaging vir die Guernsey Ladies Rugby Team was om wedstryde gereël te kry, want ons was die enigste vrouespan op die eiland. Die gedagte was om 'n wedstryd te speel teen Jersey, die ánder eiland. Die laaste keer dat 'n Guernsey-vrouespan teen hulle aartsvyand gespeel het, het hulle 'n verskriklike pak slae van 53-12 gekry. Die Jersey-meisies was baie groter en stewiger en het al ses jaar lank saam gespeel, terwyl ons 'n span groentjies was.

Ons het egter goed gehad wat wel in ons guns getel het: 'n paar vinnige meisies en minstens drie met ondervinding. Ons het ook 'n geheime wapen gehad: naïewe entoesiasme, aangevuur deur 'n geskiedenis van wedywering tussen die twee eilande.

'n Stewige meisie storm soos 'n jong renoster grommend op my af. Maar ek is nie bang nie. Al wat in my kop aangaan is: Kom maar, jy gaan nie by my verby kom nie. Sy het nie. 'n Toeskouer langs die kantlyn moes maar vinnig padgee – babawaentjie en al. Ons het 'n dapper stryd gestry, maar net voor die blaas van die halftydfluitjie het Jersey oor die doellyn geskuur vir die eerste drie van die wedstryd.

Dit was ongelooflik om te sien hoe vasberadenheid kan vergoed vir 'n tekort aan fisieke krag. Dit was lekker om vir 'n uur of wat amptelik toestemming te hê om 'n ander meisie so hard moontlik op die harde wintersveld neer te smyt. Maar hoe aggressief húlle aangeval het, het eers vir sommige van ons duidelik geraak toe ons losskakel haar skrumpet halftyd afpluk en vir ons verduidelik presies hoe lelik dit in die losskrum raak: "They're killing us, guys," het sy met 'n skril stem gesê, en aan haar gesig (om nie eens te praat van die gekneusde lyf nie) kon jy sien sy was nie besig om 'n grap te maak nie.

'n Lang, rooi krapwond aan ons kaptein se nek het ook getuig van die felheid van die stryd. Maar die ontstellendste nuus was dat iemand iewers in die losgemaal gebyt is! Dit was die laaste strooi, en toe ons vir die tweede helfte opdraf, het ons ons op aanval eerder as verdediging toegespits.

En skielik was die bal in my hande. Alles het so vinnig gebeur dat ek skoon verbaas was toe ek die bal kry, maar voor my sien ek daai gaping en ek hardloop. Die gaping word nouer en nouer, maar ek hou my oë stip gerig op daai doellyn. Dis nie só ver nie. Ek kan dit maak...

Meteens is my wind uit en ek is bewus van die harde modder op die kantlyn toe ek die grond tref. My linkerbors vat die volle impak van my eie gewig, sowel as dié van twee Jersey-meisies bo-op my, en ek skuur een of twee meter verder. Toe weet ek dis verby. Dit is baie seer, maar die wete dat ek my kans gemis het, is nog erger.

Die plaaslike koerantjie het my rugbyloopbaan in een sin opgesom: "Guernsey tried again, with some good handling through the backs releasing Aletta Gardner, who was tackled just short of the line."

Ons het 15-0 verloor, ja, maar dit was 'n enorme verbetering op die vorige nederlaag en ons het daai Jersey-meisies eindeloos frustreer deur hulle weg te hou van die doellyn. Dit het gevoel soos 'n oorwinning!

Minder as 'n jaar later het ek die eilandjie én die half-Nieu-Seelandse vriend verlaat om in Suid-Afrika te kom woon. Ek was hartseer om my toks weg te pak en te weet ek gaan waarskynlik nie weer speel nie. Almal het my afgeraai om in Suid-Afrika rugby te speel – die meisies daar is heelwat groter en rof, sê hulle.

Maar wat 'n tuiskoms is dit nie! Hier ontdek ek Superrugby, omdat dit nie eintlik in Brittanje uitgesaai word nie. En al is ek ook gelukkig genoeg om saam met 'n passievolle rugbyfanatikus in 'n woonstel te beland, sou ek nooit aan die begin van die Super14 kon raai dat ek die 2010-eindstryd sou bywoon nie. Maar dis presies wat gebeur het!

Tot vandag toe is ek nog nie seker hoe ons dit reggekry het nie. Alles was teen ons – 'n skamele 3 000 kaartjies is aan die publiek vrygestel en dis 'n laaang pad van die Kaap tot in Soweto. Boonop was ek eintlik 'n bietjie platsak nadat ek net drie maande tevore uit Brittanje in Kaapstad aangekom het. Omdat die kans dat ons twee kaartjies sou kry so klein was, het ons besluit dat indien dit sou gebeur, ons dit as 'n teken sou sien dat ons daar móés wees. En toe help die rugbygode daai dag dat die onvoorspelbare Computicket in ons guns besluit.

Die uitgelatenheid van die mense was tasbaar, en vir mý, wat elf jaar in die buiteland gewoon het, was dit byna 'n onwerklike ondervinding. Soweto was blóú. Derduisende Afrikaners wat in hulle hordes toesak op 'n township wat baie jare 'n niemandsland vir witmense was. Die toeskouers was ekstaties en dit het voorgekom asof ook die inwoners van Soweto op dié besondere dag al die nuuskierige, entoesiastiese besoekers aan die hart gedruk het. Twee uiteenlopende wêrelde wat 'n paar uur lank een word – wat 'n magiese ervaring!

Ons het gewen – ons móés wen. Ek voel eintlik jammer vir Schalk Burger en sy Stormers wat moes gaan baklei vir 'n trofee wat nooit vir hulle bestem was nie. Die Engelse joernalis John Carlin haal in sy boek *Playing the Enemy* die Franse speler Abdelatif Benazzi soos volg aan oor sy amperse drie wat die Springbokke in 1995 in die halfeindstryd sou uitgeskakel het as dit toegelaat was: "I knew . . . that something more important was happening . . . than victory or defeat in a game of rugby."

Daardie aand het ons nie direk ná die wedstryd uit die township gevlug nie, selfs al was dit donker. Ons het na 'n plaaslike restaurant gegaan (wat blou geverf was, spesiaal vir die geleentheid) en saam met die locals op kwaito en Jack Parow in die stof gedans. Dit was 'n wonderlike ervaring om die soort goedgesindheid te ervaar in 'n plek wat 'n reputasie vir misdaad het.

Die wonderwerk van 1995 was nie bloot 'n veraf ideaal wat net deur 'n handjievol witmense in die buiteland gekoester word nie. Dit bestaan steeds. En ek is nou deel daarvan.

Deur my werk by 'n Kaapse radiostasie het ek binne 'n jaar drie van die grootste name in Springbokrugby ontmoet – iets wat ek nooit sou kon dink voordat ek nie in die Noordelike Halfrond gewoon het nie. Ja, dis lekker om 'n Springbok-ondersteuner in Suid Afrika te wees en nooit 'n Curriebekerwedstryd hoef mis te loop omdat dit nie op Britse televisie uitgesaai word nie. En ek moet bieg, ek geniet dit baie om mense se reaksies te sien wanneer ek hulle vertel van mý rugbyloopbaan . . .

Maar nou is my rugbybal 'n bietjie papperig, my skoene staan onder in my hangkas sonder enige droë modder of gras op, en my kouse loer vir my elke nou en dan wanneer ek in my kouslaai rondkrap. Maar ek wonder waar my goue mondskerm is, want ek sal darem bitter graag nog eendag self 'n drie wil druk.

ALETTA GARDNER kon nie besluit of sy 'n wildbewaarder, vryskut-illustreerder of sosioloog wou word nie; toe word sy 'n joernalis. Sy moes as tiener 'n idilliese kaalvoet-kindertyd in Gauteng laat vaar en saam met haar gesin na Engeland verhuis. Sy het aan die Universiteit van Canterbury studeer en daarna vir die BBC as 'n radiojoernalis op Guernsey gewerk. In 2010 het sy ná elf jaar in die buiteland huis toe gekom. Sy woon in Groenpunt en geniet dit om haar taal, haar mense en haar land te herontdek.

GERT VAN DER WESTHUIZEN

My langste verhouding ...

"Waarom ondersteun jy die WP?"

As ek 'n rand kon kry vir elke keer dat ek dié vraag moes beantwoord, kon ek sekerlik al een van die kleiner rugby-unies soos die Griffons gekoop het.

Byna veertig jaar gelede het iemand my dit die eerste keer in Welkom gevra. Daarna moes ek dit gedurig op Odendaalsrus aanhoor. En toe op Harrismith ... Koster ... Hoopstad ... Parys ... Bloemfontein ... Pretoria ... Durban, en nou kry ek die vraag nog steeds gereeld in Johannesburg. Amper vier dekades al is ek 'n WP-ondersteuner in ballingskap.

Dikwels weet ek self nie eens meer waarom ek nog die WP (en sedert 1996 ongelukkig ook die Stormers) ondersteun nie. Die voor die hand liggende rede is dat dit my pa se span was. As jy klein is, doen jy mos maar wat jou pa doen. Jy kon hom immers nie beledig deur 'n ander span te ondersteun nie; dis een van die talle goue reëls van ondersteunerskap wat ek later uit Nick Hornby se boeke geleer het. Hoe anders het jy in elk geval in die dae voor televisie en die era van bemarking 'n span gekies?

Destyds het die WP ook na 'n goeie keuse gelyk: Hulle het die Curriebeker meer kere as enige ander span gewen (nou wel die laaste keer 'n jaar ná my geboorte) en ook meer Springbokke as enige ander span opgelewer.

Deesdae probeer ek nie eens meer verduidelik dat dit nooit maklik was om 'n WP-ondersteuner in ballingskap te wees nie. Dat jy eintlik van kleins af geweet het dat jou paadjie saam met die WP meestal een van teleurstelling, skok, ontnugtering, verslaentheid, vernedering, hartseer en selfs woede sou wees. Die WP het van die begin af uit sy pad gegaan om dit vir my moeilik te maak.

Baie, baie moeilik.

Ek het die WP die eerste keer op 19 Augustus 1972 in die destydse Vrystaatstadion in Bloemfontein teen die Vrystaat in aksie gesien. Quintus van Rooyen, toe van *Die Volksblad* en voordat hy *Beeld* se "Van Blouwen" geword het, het ons in die wedstrydprogram vertel dat die Vrystaters tot in daardie stadium nog glad nie 'n Curriebekerwedstryd teen die WP kon wen nie, al het hulle sedert 1894 ook hoe hard probeer. Daardie dag se program (wat ek jare later oor die internet van 'n boekwinkel in Oos-Londen bestel het) het verder vertel dat die WP-span wemel van sterre. Bokke soos Ian McCallum, Dirk de Vos en my eerste groot held, die kaptein Morné du Plessis, asook latere Bokke soos Peter Whipp en Boland Coetzee.

Dié span kon mos nie verloor nie, of hoe?

Maar as jy nou teleurgestel wil word, sal die WP dit vir jou doen. Van die oomblik dat die bal om 15:45 afgeskop is, was die wedstryd een groot nagmerrie. Die magtige Province het ons eerste ontmoeting onvergeetlik gemaak deur met 6-33 te verloor. Ek was so verslae dat ek in trane uitgebars het. Pa het gedreig om my nooit weer saam te vat na 'n wedstryd as ek gaan huil as my span verloor nie. Dít doen 'n man nie.

Het ek toe geweet wat ek nou weet, het ek nóg langer en nóg harder gehuil. Want van daardie dag af het my verhouding met die WP 'n vaste patroon begin volg: die afwagting, die teleurstelling en daarna die aanhoudende gespot van skoolmaats of later kollegas wat altyd die dag ná die nederlaag begin en onverpoosd voortgeduur het tot die volgende een.

Die onverbiddelike Vrystaatstadion het van daardie dag af my eie persoonlik Teater van Nagmerries geword. Dit was nooit lekker om daar te gaan rugby kyk nie. Die sitplekke was hard en ongemaklik en jy het 'n verkyker nodig gehad om selfs net die fietsrybaan en die atletiekbaan rondom die rugbyveld raak te sien. Boonop het die WP elke keer verloor wanneer ek dit daarheen gewaag het om my span in aksie te sien.

Seker daarom dat ek die telbord afgeneem het die eerste keer dat ek die WP in die Vrystaatstadion sien wen het. Dit was eers in 1982. Die telling was 29-6 en ek het nou nog die foto.

Gelukkig was ek nie daar toe die WP in 1976 die Curriebekereindstryd met 'n rekordtelling van 16-33 verloor het nie. Dok Craven se dekreet wat bepaal het dat net die eerste tien en laaste dertig minute regstreeks op TV uitgesaai mag word, het my gelukkig tóé onnodige vernedering gespaar.

G'n dekreet kon my egter teen die talle ander teleurstellings in die Vrystaatstadion beskerm nie. Ek het later ophou tel hoeveel nederlae ek daar aanskou het.

Ek kan wel onthou hoe 'n ontstelde WP-ondersteuner, wat spesiaal van die Kaap gery het, ná nóg 'n nederlaag ontsteld met sy wysvinger op die spanlys in die program gedruk het: "Why do they pick some of these players? They do this every time. Who the hell is Johnny Joubert anyway?"

En ek was ook daar toe 'n kaalnaeler in 'n Curriebekerwedstryd in 1991 'n belowende WP-beweging gestuit het, op dieselfde dag dat iemand my slaprandhoed gesteel het wat WP se eeufees in 1983 gedenk het. Om sake te vererger, was ek ook by die uitspeelwedstryd teen Noord-Transvaal wat deur dié nederlaag genoodsaak is (telling: WP 21, Noord-Transvaal 34).

Al dié ervarings in die Vrystaatstadion moes my seker voorberei het op wat later sou kom. Ek was op Loftus Versfeld toe WP in 1975 met 13-29 teen Noord-Transvaal verloor het; ek was in 1999 op Kingspark toe die WP met 29-65 teen die Sharks verloor het; ek was op Ellispark toe die WP in 2002 met 13-50 teen die Leeus verloor het;

ek was op Loftus toe die WP in 2003 met 29-64 teen die Blou Bulle verloor het.

Dié laaste nederlaag was veral bitter. Die Blou Bulle het algaande die plek van die Vrystaat ingeneem as vyand nommer een. Hulle het ook die gewoonte gehad om die WP se drome, en natuurlik myne, skop-skop te verydel. Ek kry nou nog nagmerries oor Naas Botha, en daardie dag op Loftus was Derick Hougaard die nuwe Naas. "Deeeerrriicckkk Hooouuugaaarrrdd!" het 'n Blou Bul-ondersteuner dit gereeld ingevryf terwyl hy met albei sy hande trom gespeel het op sy ontblote boepens.

Dit het nooit makliker geword om sulke vernedering te verwerk nie. Op Loftus leer jy vinnig om jou bek te hou, veral as jou span meer as 60 punte afstaan. In die Vrystaatstadion het jou ook maar so min moontlik gesê.

Ek het my maar van kleins af daarom eerder in my eie WP-droomwêreld teruggetrek. As kind op Odendaalsrus het ek byvoorbeeld my eie WP-wedstryde in die agterplaas gespeel. Net ek en my rugbybal en my verbeelding. Ek het daarvan gehou om, in die dae voor basketbal-rugby, wedstryde te speel waarin die WP met 0-99 agterloop voordat hy met 'n verstommende terugvegpoging met 100-99 of 102-99 sou wen.

Vlekkie, my baster- Dalmatiese hond, was gewoonlik die enigste toeskouer by dié wedstryde. Die toeskouersgetal het darem by geleentheid verdubbel toe Vlekkie dit moes gade slaan met 'n dooie kuiken wat om sy nek vasgebind was – 'n boereraat wat hom moes weerhou van kuikenmoord.

Die gewoonte om my eie WP-droomwêreld te skep, het by my gebly. Tydens 'n liederlike nederlaag (15-43) in 1978 teen die Vrystaat het ek besef Dok was reg. Wie wil nou hierna kyk? Ek het my rugbybal gegryp en die wedstryd probeer oorspeel. Die WP het natuurlik die agterstand gou uitgewis. Net jammer dit was op ons grasperk in Harrismith en nie in die Vrystaatstadion nie!

Die WP se gesukkel in die jare sewentig het my selfvertroue beslis 'n knou gegee. Die span wat jy ondersteun, word immers deel van jou karakter. Ek het gedink ek is nie watwonders nie, want die WP was alles behalwe watwonders. Boonop het ek vermoed dat ek anders is as ander mense omdat ek gewoonlik die enigste WP-ondersteuner binne 'n radius van etlike myle was. Ek het later begin dink daar moet fout wees met my.

In 'n stadium het ek selfs 'n sokker-ondersteuner geword om aan die WP te probeer ontsnap. Maar dit het nie gewerk nie.

Ek en die WP het telkens maar weer by mekaar uitgekom, hoewel ek dikwels eerder alleen na uitsendings van WP-wedstryde oor die radio in my pa se motor gaan luister het eerder as om saam met jillende Blou Bulle of Vrystaters op televisie daarna te kyk. Dié soort afsondering was byvoorbeeld baie voordelig toe die WP in 1980 met 'n rekordtelling van 9-39 deur Noord-Transvaal in die Curriebeker-eindstryd vermorsel is.

Sulke terugslae het my van kleins af 'n groot liefde vir die buiteperd gegee, want was die WP maar nie altyd die buiteperd nie?

Ek het ook geleer van hardkoppigheid toe ek besluit het om die WP se mees gehate spelers vurig in die openbaar te verdedig. Eers was dit Morné du Plessis, die sogenaamde Gironkie (glo 'n kruis tussen 'n giraf en 'n donkie) of skruminspekteur. (As ek boonop 'n rand kon kry vir elke keer dat ek geroepe gevoel het om Morné te verdedig, sou ek kon opgradeer na 'n span soos die Pumas.) Later was daar Chris Pope, Michael du Plessis, Chester Williams, Breyton Paulse, Bob(by) Skinstad en Percy Montgomery. (Had ek nog rande gekry vir my verdediging van Bob(by) en Percy, sou ek sekerlik die WP self kon gekoop het.)

Ná skool was ek darem oud genoeg om die WP-pyn op ander maniere te probeer verdoof: rum-en-Coke vir Bloemfontein, brandewyn-en-Coke vir Loftus en op 'n keer hoesgoed vir Witbank, omdat 'n mens destyds op Sondae net Coke kon koop. In die jare negentig het ek in 'n stadium besluit om ter wille van die goeie orde vir 'n slag tee te drink terwyl ek na die WP op televisie gekyk het. Dit het glad nie gewerk nie: Die WP het selfs nóg swakker gespeel as jy nie deur die waas van die een of ander sterk hulpmiddel na 'n wedstryd gekyk het nie.

Die WP was dus nie net sleg vir my selfbeeld nie, maar ook vir my lewer en bankrekening. My belegging in die WP wys vandag ook nie veel rente nie. In 37 jaar het hulle die Curriebeker net agt keer gewen en dit twee keer gedeel. Dit beteken ek het eintlik 29 jaar gemors – gedeelde bekers en die Lionbeker tel nie.

Op die ou end was dit seker dié einste hardkoppigheid wat my in ballingskap aan die WP laat vasklou het.

Ek het WP gaan ondersteun waar ek kon: Daar was talle wedstryde in Bloemfontein, Potchefstroom, Pretoria, Johannesburg, Kempton Park en Witbank. Ek het in 'n stadium selfs lid nommer 1095 van die WP-ondersteunersklub geword. Ek het WP-pette, WP-serpe, WP-vlae en WP-truie gekoop en berigte en foto's oor die WP uit koerante en tydskrifte geknip om op die al hoe groter wordende hoop te voeg wat veronderstel was om in plakboeke vir die nageslag bewaar te word. Ek doen dit nou nog.

Maar miskien was dit nie net hardkoppigheid wat my al dié dinge laat doen het nie. Dit was ook 'n saak van eer. Ek het my span gekies en ek moes by hom bly, al was my keuse irrasioneel en verkeerd. Ek kan tog nie soos sekere mense wees wat in die jare negentig skielik Sharks-ondersteuners geword het net omdat hulle begin wen het nie. Ek kan nog minder wees soos die mense wat skielik ontdek dat hulle eintlik altyd Vrystaat-ondersteuners was omdat die Sharks nie meer wen nie.

Nee, nee, nee. Jy blý by jou span.

Jy kan nog van meisie, politieke party, geloof of werk verander, maar nie van rugbyspan nie. Jy kan jou span kritiseer, vloek en dreig om hom vir 'n ander te verruil, of jou passie vir hom te laat afkoel. Maar hom laat vaar kan jy nie.

Ek sal in elk geval tog nie opgewonde kan raak oor 'n ander span nie. Ek kan mos nie 'n hoed met vasgeskroefde horings dra, my gesig blou verf en in die strate rondhol as die Bulle wen nie. Nee. Dan sit ek eerder alleen voor die TV en koffie drink terwyl ek kyk hoe die WP weer verloor.

Die WP was ook nie net sleg vir my nie. Ek was darem in 1983 daar toe die WP die eerste keer in 19 jaar op Loftus gewen het. Hulle het uiteindelik in 1997 wraak geneem op die Vrystaat deur die Curriebekereindstryd teen die klomp uit Bloemfontein te wen. Daar was ander oomblikke van briljantheid, soos toe die WP 60 punte teen die Bulle opgestapel het (ek sou wat wou gee om die boepens-tromslaner se gesig te gesien het) en toe die Stormers die Blues in Auckland verneder het.

Toe die WP die Blou Bulle in 1997 geklop het, het dit my 'n weddenskap met die einste Quintus van Rooyen laat wen. Quintus was vol verskonings, maar sy weddenskap het hy betaal. Dis net jammer dat ek nie meer kontak gehad het met die tormenteerders van my jeug nie, soos my Vrystaatse skoolmaats, toe die WP sy goue fase in die jare tagtig, in 1997 en 2000-2001 beleef het.

Was dit nie tipies van die WP om te wen terwyl ek meestal nie eens daarvan geweet het nie? Tydens twee van daardie vyf goue jare in die tagtigerjare moes ek diensplig doen. Maar 'n mens kan seker ook nie altyd aan die wenkant wees nie; dit sal mos bra vervelig word.

En dit is nie al wat die WP vir my gedoen het nie. Van my beste vriende deur die jare was WP-ondersteuners. Mense van wie ek selde hoor, bel of SMS my steeds as die WP wen of verloor. Die WP het my dus 'n identiteit gegee – in 'n sekere sin het ek die WP geword en die WP het ek geword. Meer kan jy seker nie van jou span vra nie.

Die passie van vroeër het wel intussen heelwat afgekoel. Die WP ontstel my nie meer so erg nie en laat my ook nie meer so verpletter ná nederlae nie. Tog maak die WP my steeds bly as hulle wen, al duur dié blydskap nie meer so lank soos vroeër nie. Dit is miskien 'n teken dat ek uiteindelik grootgeword het en agtergekom het dat daar ander dinge is wat belangriker is as die WP.

Ek weet nie wat die toekoms vir my en die WP inhou nie. Dit hou my in elk geval nie meer so baie wakker soos vroeër nie. Tog sal dit lekker wees as die WP weer die Curriebeker wen.

En miskien, net miskien, kan ek eendag die heel eerste keer Nuweland toe gaan.

GERT VAN DER WESTHUIZEN kyk al sedert hy vyf jaar oud is rugby. Deesdae se doellose geskoppery én die WP se onvermoë om iets te wen, dwing hom egter nou om na soveel moontlik episodes van sy gunstelingsepie, die Engelse Premier-sokkerliga, te kyk. Sy hoop om in sy leeftyd nog 'n wenspan te ondersteun, is nou op Tottenham Hotspur gevestig. Tussendeur werk hy by *Sport24* as *Beeld* se sportredakteur in Johannesburg.

JOHANN ROSSOUW

Dis winter, dertig jaar later

Dis winter. Hy's miskien tien of elf. Dis halfvyf die oggend. Of is dit vyfuur?

Oor hierdie besonderhede sal hy later onseker wees, maar wat hy goed kan onthou, is dat hy die vorige nag nie geslaap het nie. En nou't die oomblik aangebreek. Naas Botha, die skopgenie en taktiese meester, maak gereed om die bal vir die eerste toets teen die All Blacks af te skop.

Nog voor die afskop is daar al drama. Blykbaar betogers en meelbomme. "Wat's betogers, Pa?" vra hy. Oor meelbomme het hy wel sy idees.

Sy pa probeer hom so goed moontlik verduidelik wat 'n betoger is, en dis die eerste keer dat hy die woord hoor. Hy sal dit nooit weer vergeet nie. Dan onthou hy weer hoe koud dit is. Maar dit maak nie saak nie. Hier sit hy en sy pa voor die radio. Hulle skaar hulle agter die Bokke, al is "die hele wêreld teen ons land".

Hy sal later nie net hierdie toets nie, maar al die toetse van die reeks vergeet. Hy sal wel onthou dat die Bokke amper-amper die reeks in Nieu-Seeland gewen het, maar met 'n strafskop befoeter is. Of was dit 'n mislukte skepskop?

Name sal hy ook onthou: Murray Mexted, Wynand Claassen, Andy Dalton. Nie omdat hy hulle gesigte daardie oggend of die res van die oggende van daardie toetsreeks kan sien nie, maar omdat Gerhard Viviers dit vertel.

Die rugby, die koue, sy pa se swaaiende hande, die koue.

Televisie sal later kom. Dit mag wees dat hy die eerste internasionale TV-rugby 'n jaar of twee later sien. Dit kon die Suid-Amerikaanse toerspan, die Pumas, wees. Dit moet wees dat dit die Pumas was, want hy kan Hugo Porta se gesig onthou. Hugo Porta wat vir die Pumas is wat Naas Botha vir die Bokke is. Porta met sy swart kuif en selfs op TV ooglopend kort. Twee skopgeneraals teen mekaar.

Daar's nie tonele van betogers nie, aangesien die toetse in Suid-Afrika beslis word. Maar dit verstaan hy eers as hy sy pa vra waarom daar nie betogers is nie. "Hierdie Suid-Amerikaners is eintlik ons vriende," verduidelik sy pa, maar rep niks van die militêre diktature wat in daardie deel van die wêreld die bewind voer nie. Aangesien die Pumas eintlik die Bokke se vriende is, stel hy hom later voor dat hy en sy pa die toetse ook nie so intens beleef het nie. Maar dit kan ook die TV wees. Die TV en die feit dat selfs met Gerhard Viviers agter die mikrofoon, die dramatiese effek nie dieselfde is nie.

Sy verstand begin hy in die grys gebied tussen die amateur- en die professionele era kry. Waar die een eindig en die ander begin, is nie duidelik nie, maar hy begin die politiek van die hele besigheid verstaan, om dit nou so te stel. As die Bokke in die 1980's nog die staat moes laat goed lyk, moet hulle van die 1990's af die mark laat goed lyk.

Of só dink hy, want die kwessie van sentiment wat sterker as rede is, snap hy nog nie. Iets daarvan word wel duidelik wanneer Nelson Mandela die dag met Francois Pienaar se trui op die veld verskyn. Laat die Bokke nou die staat of die mark goed lyk? Of laat Mandela altwee goed lyk?

Dis dié dinge waaroor hy wonder wanneer hy die gebeure gadeslaan op 'n groot skerm in 'n sportkroeg. Soos die wedstryd vorder, word hy meegesleur deur die algemene sentiment en vervaag die redelike vrae. Ons is 'n nuwe land, en met 'n beter beeld en klank as ooit tevore word geskiedenis op die rugbyveld gemaak.

Dis in die jare hierna dat die suksesresep van die professionele era van internasionale na provinsiale vlak afgewentel word. In sulke mate dat sukses toenemend 'n kwessie van statistiek en vergelyking met die vorige seisoen word: van die Super 10 na die Super 12, na die Super 14.

Die resepmatigheid van die hele besigheid raak een te veel en mettertyd verloor hy belangstelling. 'n Kentering tree egter in die jaar dat hy na die stad terugkeer. Dis die jaar dat die stad se span die beker die eerste keer lig. Gegewe die feit dat hy – oorstelp van vreugde – as 't ware op die toneel is, woon hy elke tuiswedstryd by. Hy sien en hoor dinge wat nie op die radio of die TV weergegee kan word nie.

Oplaas, vroeg op 'n wintersaand, dertig jaar ná daardie eerste oggend, besef hy dat hy die halfeindstryd tot elke prys moet meemaak. Hy's egter nie meer in die stad of die land nie, en in die stad waar hy is, word rugby op TV slegs op 'n betaalkanaal uitgesaai, waartoe hy nie toegang het nie.

Dis eers laat die nag wanneer Loftus se nuwe skopkoning gereed maak om af te skop. Hy's met oorfone deur die internet op die radio ingeskakel. Dis nie Gerhard Viviers of die Bokke nie. Die wêreld is nie meer teen sy land nie. Die wêreld is besig om van sy land te vergeet.

Maar as Morné Steyn die laaste skepskop deur die pale jaag, rol sy trane en maak al hierdie dinge nie meer saak nie.

JOHANN ROSSOUW het filosofie studeer. Talle artikels en rubrieke uit sy pen het al in verskeie plaaslike en buitelandse publikasies verskyn. Sy letterkundige debuut was *'n Rooi Z4 en 'n Renaissance-kasteel* (Zebra Press, 2007). Dié artikel is aanvanklik in 2009 as 'n rubriek in *Beeld* gepubliseer.

LOUIS DE VILLIERS

Die Slag van Tucumán

Dolores kom kuier uit Argentinië. Ons is sewentien jaar lank al boesempelle – ken mekaar van 'n rugbywedstryd op 'n ander planeet . . . 'n ander rúgbyplaneet, altans.

Dis goed sy is hier, want my geheue raak onbetroubaar en as ek "Battle of Tucumán" google, beland ek by 'n regte veldslag van 1812 en nie by 'n rugbywedstryd wat in 1993 gespeel is nie. Destyds was alles nie op TV nie. En niks was op die internet nie.

Ek verbeel my 'n eindtelling van 40-12, maar dis bysaak. Dit was mal, brutaal, glorieryk, skreeusnaaks én dit het daardie piepklein geleentheidspatriot in my binneste laat blom.

"Dolores," vra ek, "wat onthou jy van die Slag van Tucumán?"

"Ek onthou die knaende gespoeg," sê sy. "Fok, man, al daardie gespoeg en die gesing. Die telling nie. Ek onthou nie eens dat hulle rugby gespeel het nie. Dit was soos 'n cowboy-fliek, daardie tipiese toneel waar almal mekaar in die kroeg begin donner . . ."

Almal wat ek daaroor uitvra, onthou ewe min. Miskien sukkel ons om ons geheue te vertrou. Dalk vrees ons ons verbeel onsself hoe vuil dit was, want kan 'n eersterangse rugbywedstryd ooit so vuil gewees het soos die Slag van Tucumán?

November 1993

Die Springbokke kom die eerste keer in Argentinië aan en ek is die eerste keer agterna om vir die koerant daaroor te berig.

Ian McIntosh brei 'n klomp lekker ouens van wie die meeste in die volgende dekade legendes gaan word, maar toe nog glad nie as sodanig beskou word nie. Ruben Kruger, Chester Williams, Joost van der Westhuizen en Henry Honiball gaan die eerste keer toetskleure kry.

Mark Andrews, Ollie le Roux en Naka Drotské is pas uit hulle tienerjare en in Argentinië as beleggings vir die toekoms. Francois Pienaar gaan die eerste keer 'n Bok-span na 'n reeksoorwinning lei, maar dat Clint Eastwood eendag nog 'n fliek oor hom gaan maak, sou toe as 'n bisarre idee afgemaak word.

Dis egter oor Tiaan Strauss se kapteinskap waaroor ek sewentien jaar later sal sit en skryf wanneer ek probeer om soveel moontlik te onthou van 'n warm aand aan die voet van die Andes. Ek is nog grootoog oor die Bokke, maar hulle sukkel. 'n Oorwinning oor onderskeidelik die Wallabies en Frankryk was hulle enigste sukses sedert hulle hertoelating tot die toetstoneel. Hulle is besig om te leer, maar op die harde manier.

Buenos Aires is die sagste kultuurskok denkbaar. Die steaks is dik en sag soos botter. Die res van hulle kookkuns konsentreer op kaas en aartappels. Die mense is vriendelik, die meisies mooi en almal geniet 'n nasionale middagslapie.

Maar sommer al met hulle aankoms hoor die Bokke van Tucumán. "Wanneer gaan julle Tucumán toe? Og, Tucumán..." Kopskuddend, 'n fluitjie, 'n skelm glimlag.

Tucumán, die provinsiale kampioen, wat hulle vuiste as strategie inspan. Tucumán, wat hierdie strategie so doeltreffend gebruik dat hulle Engeland en Frankryk 'n pak slae gegee, 'n paar nasionale titels op 'n streep gewen en selfs die All Blacks al in 'n verbysterende gelykopuitslag ingebliksem het.

Tucumán, sal Dolores my eendag vertel, is die Inka-woord vir "die einde van die wêreld". Die Inkas het uit 'n ander rigting gekom as die Bokke, maar dis hier waar hulle hokaai geroep en besluit het: Aggenee, genoeg.

In Tucumán is rugby nie vir diegene met stywe bolippe soos elders in die land nie. Almal kyk dit.

En dis ook nie al wat hulle doen nie...

Die Bokke kry hulle eerste proeseltjie Tucumán toe Pablo Bleckweddle, 'n skeidsregter uit die einste stadjie in die noordwestelike gopse, hulle van die veld af blaas teen die provinsie Buenos Aires. Buenos Aires troef die toerspan met 28-27. In Suid-Afrika bevuil almal hulleself natuurlik gelyk; in Argentinië ditto.

Die rumoer oor wat in Tucumán wag, raak oordonderend. Jy hoor dit Saterdagnag in die disko's van Buenos Aires en wanneer ons die Sondagmiddag in Tucumán se stof land, is dit selfs nóg harder. Hier is rugby 'n ritueel en die gedagte is om daardie Woensdagaand vodde te maak van die Groen-en-Goud, om die suikeroes te seën of so iets.

Van die Sondagaand ná kerk tot die Maandagoggend vieruur hou almal 'n yslike straatpartytjie. So bly as wat die inwoners is om ons dors koerantmanne te sien, so graag vertel hulle ons hoe die Bokke gaan pak kry. Die Bokke moet dieselfde storie aanhoor en jy hoef geen Spaans te verstaan om die strekking van koerantopskrifte te snap nie.

Die Novemberson braai jou dood. Almal bly tot vroegskemer binne vyftig tree van die hotel se swembad. Dolores is die nimlike Pablo Bleckweddle se sekretaresse en dogter van 'n man wat op sy dag vir die provinsie vuis geslaan en gestelskop het. Sy kom hotel toe om koerantknipsels oor vorige toerspanne se lot vir my te vertaal. Merendeels steke en harsingskudding, sê sy.

Dolores vertel die gewildste maneuver is die *cabezaso*. Kopstamp. Dís hoe jy 'n regte bakleiery hier herken, verduidelik sy afkeurend.

Tucumán is een van daai verkakte soort plekke wat jy amper met die intrapslag reeds weet jy eendag by herinnering voor lief gaan wees, juis oor sy eiesoortige verkaktheid. D-o-e-r in die vertes is die Andes se voetheuwels, maar van hier tot daar strek die boggherol honderde myle ver, met welige bosse bougainvillea in elke kleur tussenin om die droogte te verfraai.

As jy jou verbeelding gebruik, sal jy 'n jong Eastwoord op 'n perd sien aangery kom, poncho oor die skouer en sigaar in die mond. Wanneer dit saans koeler raak, gaan soek ons in die dorp na sy gees, maar al wat ons kry, is: "Welkom, welkom, welkom! Woensdagaand gaan daai span van jou gebliksem word."

Wanneer die aand uiteindelik aanbreek, is ek bekommerd. Oor die moontlikheid om nog slegte nuus huis toe te moet stuur. Oor die Bokke se rekord. En, bowenal, oor hulle veiligheid.

Dolores wag buite die stadion. Wanneer ons in die middel van die hoofpawiljoen ons sit kry tussen die mindere, mindere VIPs, is die plek al vol. Die veld is agter 'n tienvoet-draadheining en daar's 'n sloot om te keer as die pawiljoene oorkook.

Die skare dreunsing: "HIIIE JO DE PUTA! HIIIE JO DE PUTA!"

"Hulle sing 'seun van 'n hoer'," vertaal Dolores, heel onnodig.

Daardie frase uit 28 000 Suid-Amerikaanse kele in die klein stadion van 'n stadjie in die middel van nêrens sou selfs vir Braveheart laat bibber. Die skare hou aan om "hijo de puta" te skree wanneer die Bokke op die veld draf.

Daar's 'n paar ander skurwe sinsnedes waarmee die mees robuuste plaaslike ondersteuners hulleself besig hou, en Evan Speechley, die Springbokke se fisioterapeut, se hele rug is binne minute sopnat gespoeg waar hy teen die draadheining sit. Die ou op die PA beveel aan dat ons 'n Cerveza Norte te drinke kry. Ja-nee, hier gaan ons vandag dors raak.

Met die eerste skrum donner Keith Andrews die Tucumán-loskopstut dat die kranse antwoord gee. En die kranse is ver.

Keith is die vriendelikste man in 'n vriendelike span, 'n grapjas en iemand wat al my maer gaai op sy dag van 'n loesing of twee gered het. Hy is ook 'n ouskool-stut. Hy hou daarvan om die bal te hanteer, te skrum en te hardloop, en hy hou daarvan om 'n paar wederregtelike bolle te rol.

Sy neef Mark vertel my eendag hoe hy op Keith se aanbeveling by die woeste Franse tweedeligaklub Aurillac gaan speel het. Die Franse was verbyster toe hulle die grote Mark sien, maar hy was destyds nog jonk en sag. En elke keer wanneer 'n bakleiery uitgebreek het, het sy spanmaats hom na die middel van die gemors gedruk, want sy neef Keith was immers altyd voor in die koor wanneer daar baklei moes word! Wat was Mark se probleem dan?

Mark gaan nog die beste slot in die wêreld word, maar vanaand weet niemand dit nie. Dis Keith se aand.

Almal vertel al drie dae lank vir Keith hoe die Tucumán-loskopstut hom vanaand gaan foeter. Die loskopstut het luidens berigte self ook in dié rigting geskimp. Toe donner Keith Andrews maar eerste.

Skuus, Ma, maar ek móét sê donner, want op hierdie warm aand in Suid-Amerika slaan hulle nie vuis nie, hulle donner mekaar. Toe die skeidsregter uiteindelik die agttalle ná sowat 'n minuut of twee se skermutselinge uitmekaargetrek kry, is die skare rasend en voel dit soos extreme sport net om op die pawiljoen te sit.

Die skeidsregter vra Tiaan Strauss, wat hierdie B-erige span drie dae voor die eerste toets aanvoer, om sy spelers te kalmeer. Strauss, 'n klip van 'n man met 'n yslike hart en die gesonde verstand van 'n Boesmanlander, maak kringetjie.

"HIIIE JO DE PUTA! HIIIE JO DE PUTA!" dreun dit, "HIIIE JO DE PUTA!"

In die dieptes van hulle kring sê Tiaan Strauss: "Nóú donner ons hulle."

En jy kan jou laaste sente daarop wed Tucumán se kaptein sê presies dieselfde.

Met die volgende skrum is dit presies dieselfde storie.

Die hele eerste helfte is net 'n bakleiery. Die spel begin, iemand slaan iemand anders, waarop 'n dosyn ander spelers instorm en lustig saam slaan. Of: Die een span kry 'n skrum of 'n strafskop, hulle begin speel, maar dan slaan iemand aan iemand anders en so gaan dit aan. En die hele goddelike tyd sing die skare "HIIIE JO DE PUTA", afgewissel met die ietwat positiewer "TU-CU-MÁN! TU-CU-MÁN!"

Die skeidsregter bied aan om die wedstryd te staak, maar albei kapteins sê aikôna. Van die kantlyn af probeer Pienaar nog vir Strauss oorreed om die span van die veld te lei, maar dit was nie hoe die Leeu van die Kalahari sy bynaam gekry het nie. Hy ignoreer Pienaar se versoek en voer sy span deur sy voorbeeld aan. Tiaan Strauss is 'n harde speler, nie 'n vuile nie, maar dis eenvoudig onnosel om aan hom te slaan en op daardie aand gaan ek nog dikwels wonder hoeveel rugbyspelers 'n reguiter regter het.

Op die pawiljoene raak dinge mal.

Evan Speechley hoor tagtig minute lank sulke snorkgeluide van anderkant die doringdraad net agter hom. Kyk hy om, staar almal vroom voor hulle uit. Draai hy weer vorentoe, voel hy die ghwel sy sweetpak tref en hoor hy hoe lag almal kwa-kwa-kwa.

Andrews, Hannes Strydom, Kruger, Drotské en natuurlik kaptein Strauss is aan die spits van 'n Bok-bakleiery soos ek waaragtig nog net van in Dok Craven se biografieë gelees het, van Harry (Kalfie) Martin in 1934 teen die Wallabies byvoorbeeld, of van Boy Louw op sy aller-omgesukkeldste.

Met die omdraaislag – midde-in amperse onluste in die pawiljoene en 'n Iguassu-waterval se speeksel na die toerspan op pad kleedkamer toe – is die Bokke 12-6 voor. Vier strafdoele teen twee, as jy wou weet. Die slagting is voorhande.

Agterna sal Tucumán se kaptein net effentjies kla: In die eerste helfte, sal hy erken, wou ons hulle nog bliksem, maar ná rustyd nie meer nie. Maar toe hou hulle nie op nie.

Honiball bereik vanaand die keerpunt in 'n grootse loopbaan.

Oor sewentien jaar sal ek voor my rekenaar sit en my vaagweg herinner aan hoe hy 'n vuiluil-flank met die vuis afgestamp het onderweg doellyn toe, hoe Drotské soos 'n Asterix-karakter thonk-thonk-thonk op 'n Tucumáno se kop geslaan het en hoe die gemoedelike Strydom en sy slot-teenstander van die veld gejaag is ná 'n uitstaande vertoning van spel sowel as baklei.

Oor sewentien jaar is dit egter die vuishou der Springbok-vuishoue wat ek die beste onthou, want ná die wedstryd gaan ek in die hotel oor David van der Sandt van die SAUK se skouer loer en hom minstens sewentien keer vra: "David, wys my tog weer dáái vuishou, asseblief!"

Keith Andrews se Tucumán-teenstander kopstamp hom onverhoeds en die Bok-vaskopstut val ver genoeg dat hy sy val met sy regterhand moet stuit. Maar dis net 'n kwessie van balans – die WP-voorryman trap agtertoe vas en druk homself onmiddellik met sy regterhand orent. Hy begin swaai sy regter dadelik. Sommer so 'n paar duim van die grond af.

Sewentien jaar van vanaand af sal ek nie meer Keith Andrews se teenstander se naam onthou nie. Die versoeking gaan ontstaan om te lieg en te sê sy naam was Pablo Iemand – elke tweede ou in Argentinië heet mos Pablo – maar Keith se vuishou benodig geen leuens nie. Die Onbekende Stut van die Pampas staan vanaand hier aan die ontvangkant van 'n hou wat, volgens my konserwatiefste berekeninge, 'n goeie meter moes getrek het op pad na sy kakebeen, met 'n silwerskoon deurswaai daarna.

Nadat hy gelawe word deur die noodhulpmanne, word Die Onbekende Stut van die Pampas en Andrews albei van die veld gejaag en die dertien oorblywende Springbokke druk vier drieë teen die dertien oorblywende spelers van Tucumán se nul.

Wanneer die eindfluitjie blaas, staan 'n kaboedel plaaslike manne van Tucumán tou om blad te skud. "Sud-Africanos!" sê hulle en lag beïndruk. "Muy hombres."

Ek aanvaar hulle gelukwensinge onverdiend, maar bra verlig.

"Hombres con cojones," sê een ou ballie. Ek verstaan genoeg Spaans dáárvoor. "Bere met groot pere," gaan ek dit môre in my wedstrydverslag vertaal. Vanaand het daai pere 'n yslike tree na die volgende Wêreldbeker gegee, maar so 'n gedagte is ook nog verspot.

Die volgende oggend op die lughawe op pad uit doen ek 'n onderhoud met 'n jong Vrystater met 'n Groentemarkplein-sonbril wat die vorige aand skitterend gespeel het die 25 minute dat hy Andrews moes vervang. Sy naam is Ollie le Roux en hy gaan in sy loopbaan nog meer as vyftig toetse vir Suid-Afrika speel. Halfpad deur die eerste koffie raai ons reeds dat ons waarskynlik vir baie jare nog goeie vriende gaan wees. Maar die oggend ná die Slag van Tucumán in 1993 weet ek niks hiervan vir seker nie.

Ek besef ook nie dat ek ander lewenslange vriende gemaak het en die trotsste op die Springbok-rugbyspan is wat ek ooit gaan wees nie. Eendag gaan amper al die ouens wat nou rondom my en Ollie sit en grappies maak, skatryk word uit hierdie sport, maar dit weet hulle ook nog nie.

Almal is uitgelate. Natuurlik is hulle. Gisteraand het hulle alles gedoen wat van 'n rugbyspeler op dié rugbyplaneet gevra kan word. En jare van nou af gaan ek breed glimlag wanneer ek aan Tucumán dink, maar dit het ek toe nog nie geweet nie.

LOUIS DE VILLIERS was sewe toe hy 41 jaar gelede sy eerste Curriebeker-halfeindstryd op Nuweland gesien het. Die afgelope twee dekades skryf hy oor rugby vir *Rapport*, *Die Burger* en *Sport24*. Dit was lank genoeg om te leer dat min dinge so lekker is soos 'n Saterdagmiddag langs die veld, maar dat min dinge so terneerdrukkend is as ondersteuners wat van rugbyspelers verwag om sin aan hulle lewe te help gee.

EMILE JOUBERT

Tussen dié wit lyne is geweld wettig

Om "wettige geweld" te pleeg, is bitter belangrik vir enige span wat sukses wil behaal op die rugbyveld. Trouens, dís wat rugby van baie ander sportsoorte onderskei.

Dit is waarskynlik ook een van die grootste redes waarom hierdie sportsoort so entoesiasties ondersteun word. Mense hou nou maar eenmaal daarvan om te kyk hoe pyn uitgedeel word. Tydens 'n wedstryd word wettige geweld meestal in verdediging uitgedeel. Op dié manier laat weet jy jou teenstander, wat bal in hand na jou aangehardloop kom, dat hy nie in jou gebied welkom is nie en dat jou bedoeling is om die bal by hom af te vat.

In rugby word baldraers gestuit deur 'n verskeidenheid van vatte, ook bekend as "tekkels". Daar is die klassieke *laagvat*, iets wat elke skoolseun leer om uit te voer en wat as die wenslikste manier van verdediging beskou word. Met die laagvat word die teenstander gestuit deur jou een skouer in sy dy te dryf terwyl jy om sy bene gryp. Sodoende keer jy dat hy verder vorder. Netjies, man.

Volgende kry jy die *hoogvat*, wat deesdae onwettig is. Die hoogvat is soos die laagvat, net hoër. Basies tas die verdediger by die aanvaller se nek rond – iets wat, ondanks die sukses daarvan as stuitmeganisme, as gevaarlike spel afgemaak word.

Die *laatvat* gebeur wanneer die verdediger vergeet het dat hy nie 'n teenstander mag duik as dié nie die bal het nie.

En dan kry jy die *plettervat* – die beste voorbeeld van wettige geweld op die rugbyveld. Dit is besonder aanskoulik, veral as dit een van jou eie spanlede is wat die plettervat uitvoer, en natuurlik doeltreffend.

Die ontvanger daarvan kry nie net die boodskap dat sy aanvalpoging ongewens was nie, maar die plettervat kan die verloop van 'n wedstryd ook in een beenknarsende sekonde van rigting laat verander. Die span wat die een oomblik nog so spoggerig aanval, word skielik in trurat gegooi omdat een van sy lede nou op die grond lê en kreun terwyl die bal in niemandsland lê.

Balbesit word dikwels afgestaan en die plettervat laat voorts 'n sielkundige letsel: Vir die res van die wedstryd sal enige man twee keer dink voordat hy dit waag om naby die ou te kom wat die plettervat uitgevoer het. Plettervatte is boonop pynlik, en ondanks hulle beeld as tawwe tienies hou rugbyspelers – nes gewone mense – nie van onnodige pyn nie.

Daar is eintlik geen manier om 'n goeie plettervat te beskryf nie. Die hoofrede hiervoor is die spoed waarteen dit uitgevoer word, want die perfekte plettervat gebeur gewoonlik onverwags. Dink aan 'n bok wat rustig onder 'n boom stap en uit die bloute 'n luiperd op sy rug kry. Net so sien die arme baldraer nie die plettervat-in-wording nie, want hy is met ander dinge besig: Hy soek ondersteuning of hy volg die bal wat van die een spanmaat na die ander in sy rigting aangegee word. Of dalk sien hy reeds die doellyn en kan aan niks anders dink as sy oomblik van glorie nie. Totdat . . . Doef!

Soos die grootste rugbykommentator van alle tye, Bill McLaren, gesê het: "It'll feel like the house has come down atop of you . . ."

Suid-Afrikaanse rugby het al sy kwota plettervatte opgelewer. Die bekendste een? Wel, Joggie Jansen s'n op Wayne Cottrell is beslis 'n sterk kandidaat. Die omstandighede waarin dit plaasgevind het, maak dit sekerlik die beroemdste geval van wettige geweld in die Suid-Afrikaanse rugbygeskiedenis.

Die jaar is 1970, en die All Blacks is in Suid-Afrika om – soos elke Nieu-Seelandse span voor hulle – te probeer om die eerste Kiwi-span te word wat 'n toetsreeks op Suid-Afrikaanse bodem wen. Geen van die vorige All Black-toerspanne het 'n beter kans gestaan as daardie span onder leiding van die legendariese Brian Lochore nie. Voor hulle aankoms in Suid-Afrika het die All Blacks 17 toetse teen verskillende lande gespeel – en elkeen gewen.

In hulle geledere was staatmakers soos Lochore, Alan Sutherland, Ian Kirkpatrick, Fergie McCormick, Colin Meads en Chris Laidlaw – asook 'n sensasionele 19-jarige vleuel met boomstompbene genaamd Bryan Williams. Dit was 'n superspan, en voor die eerste toets het die All Blacks al tien van hulle wedstryde teen plaaslike provinsiale spanne met onheilspellende gemak gewen.

In die Springbokkamp het sake maar beroerd gelyk. Die 1969/'70-toer na die Britse Eilande was 'n ramp en hulle kon nie een van die vier Britse unies klop nie. Boonop was die anti-apartheidsgevoel, wat juis op daardie toer tot uitbarsting sou kom in die vorm van duisende lawaaierige betogers, die teelaarde vir onsekerheid en pessimisme onder die plaaslike rugbypubliek. En, selfs belangriker nog, onder die spelers self. Die heersende gevoel was dat die hele wêreld teen Suid-Afrika was.

Maar as daar een nasie is wat weet dat 'n stuk fenomenale rugby daartoe kan lei dat die land sy kop optel en deur die donker wolke sien, dan is dit Suid-Afrika. In Julie 1970 het so 'n stukkie sonskyn deurgebreek gedurende die eerste toets tussen die All Blacks en die Springbokke op Loftus Versfeld. Die wedstryd was skaars tien minute aan die gang toe die All Black-losskakel, Wayne Cottrell, die bal uit 'n skrumbeweging ontvang en om die skrum breek.

Op soek na 'n gaping of skopgeleentheid, vergeet Cottrell om behoorlik voor hom te kyk. En net daar loop hy hom in Joggie Jansen vas.

Dit was die 22-jarige Jansen se eerste toets, en dis te betwyfel of dié lenige senter met die weglê-kakebeen daarop uit was om 'n teenstander sag te maak. Teen die spoed van wit lig het Jansen op Cottrell afgepyl, een van sy skouers laat sak en sierlik in die rigting van die swart trui geduik ...

Wat interessant is van hierdie plettervat was dat daar, anders as met 'n gewone laagvat, geen stopfase in die beweging was nie. Cottrell het in 'n breukdeel van 'n sekonde van rigting verander. Die een oomblik het hy nog vorentoe gesnel, en die volgende het hy met Jansen se hulp en teen dieselfde spoed ágtertoe beweeg. Die man in die swart trui se rug en agterkop het die grond soos 'n nat beesvel getref.

Jansen het nog so gebukkend oor sy katswink slagoffer gestaan, asof hy glad nie bewus was van die skade wat hy aangerig het nie. Loftus Versfeld het nog nooit so 'n plettervat gesien nie. Die onoorwinbare All Blacks het verward rondgestaan en mekaar afgevra wat gaan gebeur as daar nóg 14 ander Joggie Jansens op die veld is.

Ná die skok van Jansen se vernietigende aanslag, kon die All Blacks eenvoudig nie weer op dreef kom nie. Die Springbokke het, aangevuur deur een oomblik se wonderlike geweld teen die gevreesde All Blacks, nie net van die Nieu-Seelanders se reputasie vergeet nie, maar ook van hulle onlangse swak spel. Die eindtelling was 17-6 vir Suid-Afrika, en die weg is gebaan vir die uiteindelike 3-1-reeksoorwinning wat die gloriejare van Springbokrugby laat herleef het en 'n gevoel van onoorwinbaarheid aan die land terugbesorg het.

Dis sewe jaar later en ons is weer op Loftus. Weer grou 'n plettervat diep dongas in die nasionale psige. Maar dié keer is dit nie die Springbokke teen een of ander indringer-rugbyspan nie. Dis 'n groter stryd: WP teen Noord-Transvaal.

Die eeu-oue konflik tussen WP en Noord-Transvaal ken op geen rugbyveld op aarde sy gelyke nie. Die stryd bring twee geografiese pole bymekaar: die een bergagtig, beeldskoon en met 'n see-uitsig; die ander een met vaal, droë winters op platgestrykte vlaktes. Uiteenlopende mense ook: Die WP s'n koel en uitgesproke met individualistiese streke. In die noorde, waar die Suid-Afrikaanse polisie en weermag gesetel is, word dinge weer eenvormig en in gedissiplineerde linies gedoen.

Gerugte doen die ronde dat die Kaap liberaal is. Die noorderlinge verkwalik steeds die Kapenaars dat hulle nie aan die Groot Trek of die Anglo-Boere-oorlog deelgeneem het nie. Daar word gepraat van WP-spelers wat hulle stilletjies skaar agter die Progressiewe Party, die linkse anti-apartheid-takhare wat die heersende Nasionale Party uitdaag.

Wanneer die WP en Noord-Transvaal mekaar op die rugbyveld pak, is dit die naaste wat die land aan 'n burgeroorlog kom. Families word uitmekaargeskeur deur botsende lojaliteite, en huwelike ly skipbreuk weens 'n skoonpa se verknogtheid aan die verkeerde span. In die lig van hierdie emosionele onstuimigheid was dit amper te verwagte dat 'n wedstryd tussen die WP en Noord-Transvaal iets opspraakwekkends sou oplewer. Die drama wat hom op daardie helder September-middag in 1977 op Loftus Versveld afgespeel het, het egter almal se stoutste verwagtinge oortref.

Die wedstryd sou bepaal wie van die WP of Noord-Transvaal tot daardie jaar se Curriebekereindstryd deurdring. Dit was 'n klipharde, genadelose stryd tussen twee provinsiale spanne met genoeg speeltalent om die meeste internasionale spanne te klop. Elke skrum was 'n oorlog. Die laagvatte was hard. Die losgemale was bendegevegte.

Tot diep in die tweede helfte het die WP met flair en hardnekkige vasberadenheid voorgeloop. Elke keer as hulle deur die Loftus-skare geboe is, het hulle eenvoudig harder gespeel. Beter. Vinniger.

Die hoofster in die Noord-Transvaalse span was 'n skraal losskakel met blonde hare en 'n baktand-glimlag – Naas Botha. En al was hy nuut op die rugbytoneel, was hy reeds die Loftus-skare en Noord-Transvaal se lieflling. Volwasse mans sou streepsakke vol koedoebiltong verruil vir 'n Naas Botha-handtekening agter op 'n Gunston 30-boksie. Elke Pretoria-tannie wou Naas se blonde lokke streel, vir hom 'n melktert bak en hom aan haar dogter voorstel.

Naas kon nie 'n voet verkeerd sit nie . . . en dis ongelukkig nie net figuurlik bedoel nie. Naas kon 'n bal skop soos min ander mense. Sy lynskoppe – met die regter- of linkervoet – het 60 tot 70 meter ver getrek en op 'n tiekie geland. Enige strafskop binne die opposisie se halfgebied het Naas moeiteloos oorgeklits. Wanneer hy die bal gehad het en daar nie beweegruimte vir 'n lynskop was nie, het hy sy teenstanders verder frustreer deur 'n skepskop deur die pale te jaag. Benewens die feit dat hy die verloop van wedstryde met sy akkurate skoppe kon verander, het hy opposisie-voorspelers hygend in trurat oor die hele veld laat hardloop van die een lynstaan na die ander.

Maar Naas het ook 'n besonder groot vrees vir 'n laagvat gehad. Die gedagte dat hy die slagoffer van 'n laagvat kon word, was vir hom net so vreesaanjaend soos die vooruitsig om een uit te voer. En net so moeilik soos dit is om 'n verskrikte konyn met die hand te vang, so moeilik was dit om Naas te stuit. Sodra hy 'n moontlike kontaksituasie gesien het, het hy die bal net daar weggeskop.

Op daardie dag in 1977 was die WP egter in beheer. Hulle het goed daarin geslaag om die bal van Naas en sy skopvoet weg te hou, en enkele minute voor die einde van die wedstryd het die WP met 13-12 voorgeloop. Maar toe breek die uur van die jagter aan.

Morné du Plessis was nie net die WP se kaptein nie, maar die naaste wat enige Kaapse rugbyondersteuner tot in daardie stadium aan 'n bomenslike held kon kom. Hy was twee meter lank, skraal, met hare tot op sy kraag en die slapheup-, drentelhouding van 'n rockster. Morné se onsterflikheidstatus is die vorige jaar gevestig toe hy die Springbokke tot 'n reeksoorwinning van 3-1 oor die All Blacks van 1976 gelei het.

Dít het egter nie gekeer dat die hele Pretoria en Noord-Transvaal hom gehaat het nie. Volgens hulle het hy te los gespeel. Hy was te koel op die veld en boonop kon hy goeie Engels praat. Gerugte wou dit ook hê dat Morné teen die Nasionalistiese regering gekant was. Dus, 'n tipiese slapgat Kaapse kommunis.

Morné se span was op daardie middag besig om voor te loop, maar kort voor die einde van die wedstryd loods Noord-Transvaal toe 'n aanval tot in die WP se halfgebied, en Naas se tone begin jeuk. En wraggies, Tommy du Plessis, die Noord-Transvaalse skrumskakel, kry die bal en gee uit na Naas.

Hy vang die bal, maar op presies dieselfde oomblik tref Morné se skouer hom. Morné het asof uit die niet verskyn en Naas op volle vaart in die ribbes getref. Die blondekop se stewels vlieg boontoe en sy kop ondertoe. Op die naat van sy rug lê Naas soos die Skone Slaapster.

Toe is daar 'n stilte. 'n Doodse stilte.

Morné staan regop en gee die uitgestrekte Naas 'n besorgde kyk. Die goue kalf is geslag. Pandemonium breek uit op die pawiljoene. Vroue spring uit hulle sitplekke en snou Morné woorde toe wat selfs 'n viswyf sou laat bloos. Mans spoeg op hulle wedstrydprogram waar sy foto pryk.

Morné word deur die skeidsregter gestraf, maar weens sy ongesteldheid is Naas nie in staat om die skop waar te neem nie – hy is reeds van die veld gedra. Pierre Edwards, Noord-Transvaal se draadkar-heelagter, klits die skop oor om dit 15-13 in die Ligbloues se guns te maak en WP uit die Curriebeker te boender.

Niks help om die plaaslike ondersteuners se woede teenoor Morné te demp nie en hy moet onder polisiebegeleiding die veld verlaat. Die verplettering van Loftus se Goue Seun het gewys hoe diep 'n rugbywrok gekoester kan word, want oor die volgende paar dae was die eindtelling van die wedstryd heeltemal vergete. Die Noord-Transvalers het net gal gebraak en bloed gesoek.

Een goeie ding het wel daaruit gekom: Dit het aan die WP en sy ondersteuners bewys dat die manne in die streeptruie, ondanks etikette soos "sagte spelers, "Dok Craven se bloedjies" en "linkse kommuniste", vir geen hardebaarde terugstaan nie.

Die Verplettering van die Goue Seun het egter die wig tussen die twee provinsies verder ingedryf en die droom van nasionale eenheid in Suid-Afrika is vir eers op die lange baan geskuif. Jy kan mense immers nie saamsnoer as daar sulke vyandigheid heers tussen Noord en Suid nie.

Die slotsom? Moet nooit die invloed van wettige geweld op die rugbyveld onderskat nie. Dís wat rugby van ander sportsoorte onderskei.

EMILE JOUBERT het vir twaalf jaar van sy lewe onder 'n plakkaat van Morné du Plessis geslaap, totdat sy vrou hom gevra het om dit te verwyder. As rugbyspeler op Christian Brothers College en die Paul Roos Gimnasium was hy bekend as "die ou wat gedink het hy is Morné". Nadat die werklikheid tot hom deurgedring het, het hy as sportverslaggewer by *Beeld* gewerk en daarna by *Die Burger* se kunsredaksie. Deesdae bemark hy wyn en probeer hy op 'n weeklikse basis steeds sy Pretoriase vriende oortuig dat Morné nie onkant was toe hy vir Naas Botha geduik het nie.

FRITZ JOUBERT

Vive la différence!

"Rugby? Dit is 'n sterk drankie wat stadig en in die geselskap van ware vriende gedrink moet word," het 'n deurwinterde rugbyman van Toulouse in die suide van Frankryk jare terug, juis met 'n glasie Armagnac in die hand, aan mede-verslaafdes (let wel, aan die sport, nie alkohol nie) gesê.

Frankryk is een van daardie lande waar jy 'n gesonde gestel moet hê as jy deel van rugby wil wees, hetsy as speler, ondersteuner, ampsdraer of sportskrywer. Ja, sterk moet die gestel wees, selfs al is jou naam Danie Craven.

In November 1973 het Craven, in daardie stadium president van die Stellenbosch-rugbyvoetbalklub en ook van die destydse SA Rugbyraad, hom by die Maties se toerspan in Frankryk aangesluit. Die toer, onder leiding van Apies du Toit (spanbestuurder) en Hammie Frost (afrigter), was 'n beloning vir die studente nadat hulle weer eens die Groot Uitdaagbeker in die Westelike Provinsie se klubkompetisie gewen het.

Hoewel die afwesigheid van Morné du Plessis gevoel is, was dit steeds 'n sterk span met spelers soos Dawie Snyman (kaptein), Robbie Blair, Hennie Bekker, Alan Zondagh, Cassie Waite en Slang Kritzinger in sy geledere. Die toer het in Italië afgeskop waar 'n bus met 'n innemende bestuurder, Roberto de Vicenzo, op die span gewag het. Hoewel taal 'n struikelblok was, het dit nie verhinder dat die spelers gou-gou vriende met die kort Italianertjie met die breë glimlag sou word nie. Hulle het hom terstond Willem gedoop, 'n naam wat hy met trots gedra het.

Craven het hom in Avignon of daar rond by die span aangesluit en sou die grootste deel van die toer per bus saam met die spelers reis. Weg uit die raadsale van wêreld- en SA rugby kon Dok 'n regte platjie wees, vol grappies en onnutsige sêgoed. Hy het Willem begin kasty deur hom kastig sleg te sê met Afrikaanse uitdrukkings, soms van die soort wat 'n mens nou nie juis in deftige geselskap sou gebruik nie. Maar dit was 'n rugbytoer dié en 'n man moet dan alles kan verduur wat na jou kant toe geslinger word.

'n Groepie spelers, veral die kwajongens wat agter in die bus gesit het, het hulle nuutgevonde Italiaanse vriend begin jammer kry. Dag ná dag het Willem net gedwee geglimlag wanneer Dok gewys het waartoe die Afrikaanse taal in staat is. Op 'n sekere oggend was dit weer sulke tyd. Willem het glimlaggend voor in die bus gaan staan om sy gaste te verwelkom. Craven, wat op eerbiedwaardige wyse toegelaat is om altyd eerste die trappies te bestyg, het met 'n gemaak ernstige uitdrukking op sy gesig gedawer: "Willem, jou moer!"

Die woorde was nog nie koud nie toe laat waai die Italianer met: "Dok, gaan kak."

Dit was nie nodig om te raai wie hom daardie woorde geleer het nie. Waarskynlik was dit ook die eerste keer in die lewe van dié mees gerespekteerde man in wêreldrugby dat hy op hierdie wyse aangespreek is. Ter ere van Craven moet gemeld word dat hy sy "pak" soos 'n man gevat het en net so hard soos die res van die groep gelag het.

Terloops, Willem sou 'n bietjie later op die toer weer die gewraakte k-woord gebruik, hierdie keer om afskeid te neem van die dorp Beziers, waar sy span volgens hom en ander neutrale waarnemers liederlik deur die skeidsregter verneuk is.

Dit was twee jaar voor hierdie reis saam met die Stellenbossers dat ek Franse rugby die eerste keer op eie bodem ervaar het. Omdat Frankryk in die Suid-Afrikaanse winter van 1971 die Springbokke op hulle tuisvelde sou aandurf, en veral omdat die gekleurde vleuel Roger Bourgarel 'n sterk kandidaat was om in die apartheidsjare die toerspan te haal, was daar meer as die gewone belangstelling in die deurslaggewende toets op 27 Maart 1971 tussen Frankryk en Wallis in die Colombes-stadion buite Parys.

Die toets sou bepaal wie die Vyf Nasies-toernooi, soos dit destyds genoem is, wen, en dalk ook of Bourgarel die Franse toerspan sou haal, met die groot vraag of die SA regering hom sou toelaat om die besoekers te vergesel.

Die algehele andersheid van Franse rugby is die Vrydagmiddag voor die toets by my ingeprent. Om vyfuur het die twee toetsspanne, vergesel deur hulle beamptes, in 'n deftige hotel op die Place de la Madeleine vir 'n skemerparty in die kleine byeengekom. As lid van die Britse Rugbyskrywersverening het ek ook 'n uitnodiging gehad vir 'n glas sjampanje en kaviaar. Jy kon jou vergaap daaraan dat manne wat mekaar oor minder as 24 uur in 'n rugbytoets sou takel, toe ewe gesellig sjampanje en lemoensap drink asof hulle mekaar voor 'n ski-uitstappie leer ken.

Reeds op die Paryse bogrondse stasie was die afwagting sterk in die lug. Daar was 'n see van Franse ondersteuners met barette, driekleurvlae, trompette, tromme en Baskiese wynsakke. In die gedrang op die trein het jy lyf aan lyf teenoor Franse gestaan, met die oorweldigende reuk van knoffel, Gauloises-tabak en rooiwyn in jou neusgate. By die stadion aangekom, was daar 'n opmerklike kontras in die toiletgewoontes van, sê maar Twickenham en dié van Colombes, waar etlike van my mede-treinreisigers skielik stelling ingeneem het teen die veld se sipresheining om van oortollige vloeistof ontslae te raak.

Terwyl die orkes van die Sesde Bataljon van die Alpynse Infanterie Franse nasionalisme met marsmusiek laat opvlam het, is verskeie rooibruin-en-wit hoenderhane op die veld losgelaat. Klappers het rondom die stadion weerklink voordat die twee vyftientalle hulle verskyning gemaak het. John Dawes (senter) het voor gedraf vir Wallis, met agter hom spelers soos J.P.R. Williams (heelagter), Gerald

Davies (vleuel), Barry John (losskakel) en Gareth Edwards (skrumskakel).

Aan Franse kant het Christian Carrère (flank) sy troepe op die veld gelei, vergesel deur onder andere die haastige Bourgarel, Jo Maso (senter), Jack Cantoni (vleuel), Benoît Dauga (agsteman) en die broers Spanghero, Claude en Walter (slotte), laasgenoemde met hande so groot soos piesangtrosse uit die Amasone. Terloops, Maso met die oumabrilletjie en bos krulhare is deesdae gereeld tydens toetse te sien in die rol van bestuurder van Frankryk se rugbyspan.

Helaas, 27 Maart was net nie Frankryk se dag nie. Wallis het soos 'n kampioen gespeel. Daar was onder meer 'n deurslaggewende voorval wat tot 'n Walliese drie gelei en konsternasie onder die oorwegend Franse toeskouers veroorsaak het. Met die oë van die ganse rugbywêreld op hom, kon Bourgarel nie 'n hoë skop onder beheer kry nie; Gerald Davies het opgevolg en gaan druk. Naby my in die persbank het 'n verteenwoordiger van 'n Suid-Afrikaanse ambassade in Europa regop gespring en gejuig: "Bourgarel is uit, Bourgarel is uit!"

Dit was nie die eerste en laaste keer dat 'n verteenwoordiger van 'n SA regering in die buiteland misgetas het nie. Die Franse keurders het Bourgarel gekies en Suid-Afrika het die "nie-blanke" speler verwelkom.

Iets wat 'n mens al daardie jare kon agterkom, is dat Franse rugbyspelers 'n dinamika in hulle spel gehad het wat byna ongeëwenaard was – 'n kenmerk wat vandag steeds daar is en saamgevat word deur daardie onvertaalbare woord "flair". Afrikaanse woordeboeke praat van "besondere aanleg" en "handigheid", maar hulle sit die pot heeltemal mis. Die Engelse weergawe "selective instinct" is ook nie die ware Jakob nie, want dit is iets wat jy nie kan "selekteer" nie. Franse rugbyspelers word blykbaar met hierdie gawe gebore; jy kan dit nie aanleer nie.

Dit is daardie gawe om met 'n verskeidenheid van vaardighede die teenstanders uit pure frustrasie die handdoek te laat ingooi, die verloop van die spel met onverwagte aanvalle te verander en om die oënskynlik onmoontlike moontlik te maak. Dit was manne soos Serge Blanco (heelagter), Philippe Sella (senter), Jean-Pierre Rives (losvoorspeler en kaptein), Jacques Cantoni (vleuel) en talle ander wat die versinnebeelding van Franse flair was.

Die blonde Rives was rugbymense se weergawe van die strokieskarakter Asterix van Galliese faam, die man wat die sterkste teenstanders uitgedaag en bebloed maar meestal triomfantelik anderkant uitgekom het. Hy was altyd heel onder in 'n losskrum te midde van stewels en soolknoppies, waar hy "meer steke opgedoen het as wat daar in die Bayeux-tapisserie is" (Rupert Bates, *Daily Telegraph*). Danksy 'n neus wat meer as een keer aan die ontvangkant van 'n rugbybesering was, kon Rives net sowel as model gedien het vir een van die beroemdste werke van die Franse beeldhouer Auguste Rodin, *Man met die gebreekte neus*.

Rives se klein postuur het nie verklap watter groot hart daar onder sy trui geskuil het en watter rugbybrein hy gehad het nie. Op die rugbyveld was hy 'n kunstenaar; in die werklike lewe is hy vandag ook een in sy Paryse ateljee waar hy sy brood en botter met sy hande verdien, onder andere as beeldhouer. Rives se samespel met Jean-Claude Skrela en die reuse-agsteman Jean-Pierre Bastiat was legendaries. Hulle het die afskilbeweging van lynstane – 'n Franse uitvindsel – vervolmaak en meestal pandemonium onder teenstanders veroorsaak wanneer hulle dit uitgevoer het.

Alles verloop egter nie altyd voor die wind vir die Franse nie. Hulle is berug daarvoor dat hulle wisselvallig kan wees. Skitterend in een wedstryd, maar onmoontlik vrot in die volgende een. Soos die Franse self erken: vandag 'n hoenderhaan, môre 'n verestoffer. Wie kan vergeet hoe hulle in die vorige toernooi om die Wêreldbeker in die openingswedstryd sleg teen Argentinië verloor het, maar daarna die toernooi se gunstelinge, die All Blacks, in die kwarteindronde uitgeskakel het?

Alle rugbymense sal saamstem dat die druk van 'n skouspelagtige drie die hoogtepunt van 'n rugbywedstryd kan wees. En wat dit betref, is niemand die meerdere van die Franse nie. Hier is die onverwagte en die onvoorspelbare hulle bondgenote. Uit die niet kan een van hulle spelers skielik iets begin, die teenstanders op die verkeerde voet betrap en die volgende oomblik is daar verbysterende aangeë of veranderings van rigting waarmee geen verdediging raad het nie.

Met so 'n drie het die Franse op 3 Julie 1994 die eerste keer 'n toetsreeks in Nieu-Seeland gewen. Hulle het reeds in die eerste toets van die reeks op Lancaster Park onverwags (22-8) met die All Blacks afgereken. In die daaropvolgende toets op Eden Park was Nieu-Seeland drie minute voor die einde met 20-16 voor, en as jy 'n Nieu-Seelander was, het jy vir jouself gesê: Ons gaan nie dié voorsprong nou prysgee nie.

Die All Blacks wou in hierdie stadium met skoppe die spel diep in Franse gebied hou – net die soort strategie wat Frankryk soos 'n handskoen pas. Van 'n mislukte kantlynskop het een van die Franse die bal naby sy doellyn in die hande gekry en 'n teenaanval geloods. Heen en weer is die bal oor byna die lengte van die veld deur nege spelers hanteer voordat Jean-Luc Sadourny (heelagter) oorgeduik het vir 'n drie wat deur die kaptein, Phillipe Saint-André, as die "teenaanval van die einde van die wêreld" beskryf is. In die volksmond het dit later bekend geword as die "drie van die einde van die aarde", en dit word as een van die heel bestes van alle tye bestempel.

Ja, Franse rugbyspelers het iets wat hulle anders maak, maar hierdie "iets" is nie altyd onvoorspelbare, aanvallende of swierige rugby nie. Hulle kan ook skorriemorries op die veld wees. Daarom is Franse klubrugby nie net van die taaiste ter wêreld nie; dit kan soms van die vuilste op aarde wees. En hierdie ruheid kan ook oorspoel na die nasionale vyftiental. Menige teenstander het al agtergekom dat dié span nie noodwendig uit laventelhane bestaan nie.

Slaan, skop, vingers in die oog steek, knatergrype – al die lelikste dinge wat op die rugbyveld kan gebeur, is aan die orde van die dag. Daar is selfs 'n foto van 'n kleedkamertoneel waar 'n speler soos Abdelatif Benazzi, 'n groot slot van Marokkaanse afkoms, wys dat jy ook in rugby 'n krieketboks moet dra om te beskerm wat kosbaar vir 'n man is. Dis die einste Benazzi wat saam met sy maats beweer het hy is in 1995 se Wêreldbeker-halfeindstryd deur die skeidsregter beroof van 'n drie wat Frankryk pleks van Suid-Afrika tot die eindstryd sou laat vorder het.

Ek het vroeër na Walter Spanghero en Benoît Dauga verwys. Hulle was nie net gedugte spanmaats nie, maar soos die Franse rugbykultuur nou maar eenmaal is, kon hierdie twee mekaar nie as teenstanders duld nie. Jare ná hulle uittrede verlekker ondersteuners hulle, met glasies pastis in die hand, steeds aan hierdie twee se bakleiery wanneer hulle klubs mekaar die dag gepak het. Stories wil dit hê dat 'n sekere skeidsregter vir Spanghero (kaptein van Narbonne) en Dauga (leier van Dax) voor die afskop na die middellyn ontbied het, waar hy die waarskuwing gerig het dat die eerste man wat vuisslaan die trekpas sal kry.

Ru of nie, die Fransmanne het duisende toeskouers deur die jare heen onmeetbare genot verskaf. Voetbal soos húlle dit speel, is genoeg om 'n mens rugbymal te maak.

FRITZ JOUBERT het veertig jaar die joernalistiek in verskeie wêrelddele beoefen – as nuusman, sportskrywer, tydskrifredakteur en buitelandse korrespondent. Tussenin was hy ook 'n strand- en rotshengelaar. Hoewel die grotes hom meestal ontwyk het, bly dit sy ambisie om hulle eendag in Alaska te gaan aankeer. Verder hou hy hom in die Paarl en op Stellenbosch besig met die kweek van bonsai.

JOHAN BOTES

'n Leeftyd van rugby

Al ooit gewonder hoe iemand 'n top-rugbyadministrateur word? Dít is die storie van Johan Botes, streekstoernooidirekteur van Sanzar, die liggaam wat die Superrugby- en Drienasies-kompetisies bestuur. Hy is iemand wat oor dekades diep spore getrap het as speler, skeidsregter, spanbestuurder en administrateur.

As jy deelneem aan 'n spansport, kan jy maar weet jy gaan baie mense ontmoet en lewenslange vriende maak. Veral in rugby. Wat ek vandag met oortuiging kan sê, is dat my rugbyvriende boonop persoonlike vriende geword en gebly het.

Min het ek as laerskoolseun geweet wat die toekoms – rugbygewys – vir my sou inhou. My eerste kennismaking met rugby was toe my pa gespeel en ek op en af langs die veld rugbyballe opgetel het wat uitgeskop is en dit dan vir die vleuel gegee het om by die lynstaan in te gooi. Ja, in daardie dae was daar nie "ballboys" nie en die vleuel het gewoonlik die bal by die lynstaan ingegooi.

In daardie jare het iets soos amptelike laerskoolrugby ook nie in die meeste plattelandse skole bestaan nie – en nou praat ek van die middel jare veertig – maar steeds het rugby 'n plek in ons jong mannetjies se lewens gehad. As ek vandag terugdink aan my jeugjare, moet ek erken dat rugby soms te veel van my tyd in beslag geneem het. Dit is egter nie iets waaroor ek spyt is nie, want rugby-administrasie is vandag my beroep en my passie. Ek is bevoorreg om deel te kon wees van al die fasette van die spel: as speler, skeidsregter, afrigter, spanbestuurder en uiteindelik ook as administrateur.

As speler op skolevlak was een van my grootste rugby-ervarings toe ek as skoolseun van die Hoërskool Bultfontein in 'n gekombineerde span van Bultfontein, Brandfort en Theunissen op Brandfort teen Grey Kollege Bloemfontein se eerste span gespeel het. Ek het gewoonlik losskakel, vleuel of heelagter gespeel, maar in hierdie gekombineerde span het die keurders dit goedgedink om my op flank te kies. Ek onthou dat 'n hele paar van dié Grey-spelers later senior provinsiale rugby gespeel het, dat die linkervleuel bo-oor my kop geduik het om 'n drie te druk – en dat ons daardie dag 'n redelik groot loesing gekry het!

Ek het daarna vir Bultfontein se dorpspan gespeel. Wedstryde in daardie dae (die middel jare vyftig) was, om die minste te sê, skrikwekkend. Teenstanders soos Hoopstad en Wesselsbron was aartsvyande. 'n Mens kan jou indink hoe dit moes voel om verskeie kere op 'n veld sonder enige gras te speel. Wanneer jy val, het jy met 'n gesig – en soms 'n mond – vol grond opgestaan en dadelik gesoek na die "vyand" wat jou nou net in die grond in geboor het.

My eerste ervaring as speler bó klubvlak was toe ek deel was van die o.19-span wat gekies is uit spelers uit die Noordwes-Vrystaat om in Welkom teen 'n span van die destydse Transvaal te speel. Dit was 'n wedstryd waarvan ek bitter min onthou (behalwe dat ek 'n elmboogbesering opgedoen het), omdat die geleentheid só groot was vir ons plattelandse laaities dat ons op niks anders kon konsentreer as die oomblik nie.

Ná twee jaar se klubrugby op Bultfontein het ek vir een jaar na Bloemfontein verhuis waar ek vir Oud-Greys gespeel het, waarna ek weer drie jaar lank vir Bultfontein se dorpspan gespeel het. In 1961 het ek permanent na Bloemfontein verhuis en weer vir Oud-Greys gespeel, en wel saam met legendes soos Ben Klopper (heelagter), Bokkie Smit (losskakel), Popeye Strydom (skrumskakel), John Wessels (haker), Steve Strydom (losskakel/heelagter), Nic Fourie (flank) en Corrie van Zyl (flank en kaptein). Dié spelers was my mentors op die rugbyveld, saam met die afrigter Piet Sabbagha en Chum van Staden, die voorsitter van Oud-Greys. In my speeldae was ek ook sekretaris van die klub, wat in vandag se tye nie maklik gebeur nie.

Ná my speeldae het ek op versoek van Piet Sabbagha en Chum van Staden betrokke geraak by afrigting, onder meer as agterlynafrigter by Oud-Greys.

Ek het later ook by die Vrystaatse Universiteit koshuisrugby afgerig, onder meer saam met Piet by die manskoshuis Reitz. Drie keer per week het ons smiddae van halfses tot sewe by Oud-Greys afgerig en dan twee keer per week vanaf negeuur saans by Reitz. Dan was daar natuurlik Vrydagaande se koshuisrugby by die universiteit.

As gevolg hiervan het ek betrokke geraak by die universiteit se o.20- span, saam met ander mense wat ook 'n passie vir rugby gehad het – mense soos Ewie Cronjé en Nic Bojé. In ons 1974-span was latere Springbokke soos Theuns Stoffberg, Edrich Krantz, De Wet Ras, Eben Jansen en Dirk Froneman.

Afrigters by wie ek oor die jare baie van die spel geleer het, was Nelie Smith, Sakkie van Zyl, Nic Bojé, Stonie Steenkamp, Koot Steenekamp, André Markgraaff, Laurie Mains, Dick Muir en prof. Gerrit Pool.

André Markgraaff is een van daardie afrigters wat amper elke oomblik rugby praat en dink. Tydens die Super 12-kompetisie in 1998 het ons as deel van die Cats se bestuurspan amper vyf maande lank saam in dieselfde hotelle gebly. As Markies nie op die veld was nie, was hy óf in die spankamer, óf voor die televisie besig om wedstryde te ontleed. Ek dink hy het seker sowat drie uur per nag geslaap.

Ek was baie bevoorreg om as spanbestuurder vir sowel die Vrystaat se senior span as die Super 12-span die Cats te wees. In hierdie tyd het ek baie geleer oor hoe spelers en beamptes weg van die veld af dink en optree, soms heeltemal anders as in hulle private lewe.

Dit het my laat besef dat spelers ná wedstryde móét ontspan, anders sal hulle net zombies word.

As ek vandag moet terugdink aan my skeidsregtersdae, is ek verlig dat dit nie 'n baie lang loopbaan was nie. Dit maak nie saak hoe jy 'n wedstryd hanteer nie, iemand (meestal iemand wat betrokke is by die verloorspan of wat nog nooit die amptelike reëlboek onder oë gehad het nie) gaan jou afkraak en blameer vir 'n nederlaag. Maar dit is 'n aspek wat altyd deel sal wees van hierdie wonderlike spel. Toeskouers wat die kaartjies koop, is geregtig om te sê hoe hulle voel – solank skeidsregters net luister na kenners van die amptelike rugbyreëls.

Ek het ook op provinsiale vlak as skeidsregter opgetree en een wedstryd wat my altyd sal bybly, was een tussen die Vrystaat en Transvaal in 1978 in Bloemfontein. Gedurende dié wedstryd is Moaner van Heerden geteiken en het hy deurgeloop onder stampe en stote. 'n Vrystaatspeler het hom geskop terwyl hy op die grond gelê het. Moaner het my ontsteld hieroor gekonfronteer, omdat ek die oortreding (wat agter my rug plaasgevind het) nie gestraf het nie.

My antwoord aan Moaner: "Jy't gekry waarna jy gesoek het."

Hy het geen woord verder gesê nie, maar die opponente moes hom die res van die wedstryd baie fyn dophou, en ek ook!

Skeidsregters (provinsiaal en internasionaal) wat my met raad, daad en hulp bygestaan het, was mense soos Steve Strydom, Gerrit Coetzer, Stonie Steenkamp, Gert Bezuidenhout en tans, in my huidige pos as streekstoernooidirekteur van Sanzar, André Watson, Freek Burger en Arrie Schoonwinkel. Maar in 1978 moes ek my skeidsregtersloopbaan vaarwel toeroep omdat ek tot die administrasie van Vrystaat Rugby toegetree het.

My eerste ondervinding van rugby-administrasie was toe ek as jong man aangewys is as sekretaris van die klub Oud-Greys in Bloemfontein. Dit was die eerste van tientalle administratiewe poste wat ek in my lewe beklee het. Een daarvan was as voltydse sekretaris van die Vrystaatse Rugbyunie – 'n pos wat ek van 1979 tot 1997 beklee het, hoewel die benaming later verander het na uitvoerende hoof. Van my beste ervarings in dié hoedanigheid was in 1994, toe die Vrystaatstadion opgeknap is met die oog op die Wêreldbeker van 1995, en ook die voorbereidings vir die Wêreldbeker, waar ek skouers geskuur het met mense soos dr. Louis Luyt, Rian Oberholzer en my kollegas by die ander unies waar wedstryde gespeel is. En dan natuurlik daardie eindstryd!

As gebore Vrystater kan ek natuurlik ook nie anders as om die eeufeesvieringe van die Vrystaatse Rugbyunie in 1995 as 'n hoogtepunt te onthou nie.

In 1997 het Rian Oberholzer van SA Rugby gevra of ek sou belangstel in die pos van uitvoerende hoof van die Cats, 'n samestelling uit die spanne van die destydse Transvaal, die Vrystaat, Griekwas en die Noord-Vrystaat. Ek het die aanbod aanvaar, en skaars 'n jaar later het André Markgraaff, die hoofafrigter van die Cats, my gevra om ook sy span se bestuurder te wees . . . Dit was nogal 'n besige seisoen!

Ek sou oor die jare 'n hele paar oproepe van Rian Oberholzer kry: In 1999 het hy my genader om namens SA Rugby die pos van sekretaris-generaal van die Konfederasie van Afrikarugby te beklee. My opdrag was om toe te sien dat rugby in Afrika gevestig en uitgebrei word deur middel van 'n strategiese plan en die nodige kompetisies. Dit was 'n baie interessante tydperk in my lewe en ek het noue kontak gehad met lede van die Internasionale Rugbyraad soos die destydse voorsitter, adv. Vernon Pugh, en uitvoerende hoof, Stephen Baines.

In 2000 was dit wéér Rian, dié keer met 'n versoek dat ek by Superrugby betrokke raak, oftewel by Sanzar (die akroniem vir die liggaam wat Superrugby bestuur, wat staan vir South Africa, New Zealand and Australia Rugby). Elkeen van die drie lande sou een persoon aanstel wat sy land se rugbyunie verteenwoordig, en saam sou hulle verantwoordelik wees vir die bestuur van die Sanzar-kompetisies: die Drienasies-wedstryde en die Super 12, wat later Super 14 en Super 15 geword het. Later het SA Rugby my aangestel as Sanzar se streekstoernooidirekteur – 'n pos wat ek steeds beklee.

Benewens die Sanzar-pos is ek ook die sekretaris van SA Rugby se kompetisiekomitee. Internasionaal sowel as plaaslik is ek dus betrokke by die bestuur van kompetisies en die opstel van wedstrydskedules. Dit is 'n uitdagende taak, en dikwels is daar botsende belange, maar albei die poste laat my telkens vol bewondering vir hoe daar op rugbyvlak saamgewerk word.

JOHAN BOTES se ma het gehoop hy sou predikant word – self wou hy medies studeer, maar daar was nie geld daarvoor nie. Hy het toe besluit om by Kovsies in die regte te studeer terwyl hy voltyds gewerk het. Hy het sy klerkskap voltooi, maar nie die finale kursus nie. Vandag dink hy só aan dié deel van sy lewe: ten eerste dat daar te veel rugby was, maar ten tweede dat die Allerhoogste 'n plan met alles het. Hy was nog nie een dag spyt oor die verloop van sy lewe nie.

BALIE SWART GESELS MET JACO KIRSTEN

'n Rooi kaart vir die ref

Waar het jy jou eerste rugbyjare deurgebring? Ek het op skool vir Paarl Gimnasium gespeel, daarna vir Elsenburg Landboukollege en toe vir Maties en die WP. Jong, ek was jonk toe ek vir die WP begin speel het. Ek is sommer gereeld aan die oor gevat deur senior spelers soos Neil Hugo en Hempies du Toit! Daar was 'n hele klomp legends wat my mentors was. Die jong ouens van vandag het nie altyd mentors nie, want die dinge is gejaag en die tyd is min.

Daarna is ek vir twee jaar Bordeaux in Frankryk toe om op wynplase te gaan werk vir praktiese ondervinding – ek het wingerdboukunde gestudeer. Toe ek in 1991 terugkom na Suid-Afrika, moes ek my beurs begin afwerk. Die maatskappy se hoofkantoor was in Johannesburg – en dís hoe ek vir Transvaal begin rugby speel het.

Hoe was die gees in die Springbokgroep in 1995 tydens die Wêreldbeker? Die groep van 1995 was bloedbroers. Uit die aard van saak het ons nie vir onsself gespeel nie, maar vir die land. Ná die openingswedstryd het ons begin besef dis nou 'n ander ball game – ons het besef waartoe ons in staat was.

Ek sê altyd dat ons waarskynlik nie sou gewen het as dit nie vir die hele land se ondersteuning was nie. Ons was baie trots daarop om deel te wees van die hele proses van verandering. Toe Nelson Mandela voor die eindstryd met 'n Springboktrui in 'n plastieksak by ons kleedkamer instap, was dit baie humbling toe hy ons vra het of hy Francois se nommer 6-trui mag aantrek vir die wedstryd.

Toe die wedstryd afskop, het ons geweet die All Blacks is ook maar net mense. Ons het vir Jonah Lomu fyn dopgehou met 'n tegnies akkurate verdedigingsplan en hulle voorlangs oordonder danksy Kitch (Christie, afrigter) se taktiek van 'n sterk lynstaan met Mark Andrews op agsteman. Jong, ons was 'n klomp etters bymekaar – Ruben het soos 'n mol op die grond tekere gegaan!

Hoe het Kitch Christie verskil van ander afrigters, en wat was julle benadering voor die eindstryd op Ellispark? Daai dae het al die spelers nog 'n vaste werk gehad, want dit was nog nie die professionele era nie. Jy kan dit eintlik nie vergelyk met byvoorbeeld die 2007-groep wat die Wêreldbeker onder Jake White gewen het nie. Ons groep van 1995 was uit die aard van die saak nie so groot en sterk soos die professionele spelers van vandag nie. En dalk was ons nie so talentvol nie, wie weet? Maar in die ou dae het ons ons kop gebruik. Ouens praat vandag van rush defense en sulke dinge. Maar Michael en Carel du Plessis en ook Dawie Snyman het daardie jare al in die WP met sulke idees vorendag gekom.

Kitch was meer van 'n "mensebestuurder" as 'n suiwer coach, want hy't geweet hoe om iets spesiaals uit 'n speler te kry. Kitch het geweet hoe spelers operate en hoe om die beste uit hulle te haal. Hy was ook slim genoeg om goeie assistent-afrigters soos Hennie Bekker en Gysie Pienaar te kies. Ek dink die All Blacks was man vir man dalk meer talentvol as ons, maar ons was superfiks en dit het ons gehelp. Morné (du Plessis, die spanbestuurder) was 'n staatsman en het goed gekombineer met Kitch en Francois Pienaar.

Hoe het jy ná jou speeldae in 1999 by afrigting betrokke geraak? Ek is saam met F.C. Smith Wallis toe waar ons vir Ebbw Vale gespeel het. Daarna is ek saam met Laurie Mains na Nieu-Seeland waar ek vier jaar saam met hom en Robbie Deans afgerig het. Hulle het baie sterk stelsels daar. Ek was in daardie stadium die enigste oorsese afrigter wat daar toegelaat is en was betrokke by die Canterbury

Crusaders en die Otago Highlanders. Ek moet sê dat ek baie dankbaar is vir daai hengse geleentheid.

Waaraan skryf jy die Nieu-Seelandse spanne se sukses toe? Twee dinge: Hulle is baie gedissiplineerd en hulle speel tegnies korrek. Hier in Suid-Afrika verkies ons eerder om krag te gebruik om dinge te doen. Hulle afrigters deel ook baie van hulle kennis. Plaaslik het dinge darem al verbeter met ons afrigters wat ook koppe bymekaar sit, maar dit was nie altyd so nie.

In Nieu-Seeland gaan álles oor die Silwer Varing. In Superrugby is hulle stelsels baie dieselfde as ons s'n. Maar waar die All Blacks ter sprake kom, het die nasionale afrigter 'n inspraak in die franchises. Ek dink nie dit sal sommer in Suid-Afrika gebeur nie!

Die ander ding is dat spelers in Nieu-Seeland direk deur die Nieu-Seelandse Rugbyunie gekontrakteer word. Hier werk spelers vir hulle eie unies. Die hele ondervinding daar het ongetwyfeld van my 'n beter mens en afrigter gemaak.

Almal praat nou nog oor hoe jy vir André Watson 'n "rooi kaart" gegee het. Wat het régtig gebeur? (Hy lag.) André is nou een van my base! (Balie is 'n konsultant vir S.A. Rugby Skeidsregters.)

Ek het daardie tyd nog vir die ou Transvaal gespeel. Dit was 'n wedstryd in Kimberley teen Griekwas. André Vos was die kaptein en James Dalton die haker. Ons het gesak vir 'n skrum op Griekwas se doellyn.

Skielik het Phillip Smit vir James Dalton in die skrum geslaan en 'n fight het uitgebreek. André Watson het sy fluitjie geblaas en wou vir James Dalton afjaag.

Toe ek wegloop, sien ek 'n pakkie skeidsregterskaarte op veld lê. Ek weet nie waar dit vandaan gekom het nie; dit was seker 'n ref van 'n voorwedstryd s'n. Tot op daardie punt was dit nie 'n goeie wedstryd nie . . . en ek was die fool wat die kaarte opgetel en in 'n stupid oomblik vir die ref 'n rooi kaart gewys het met die woorde: "Daai man – Phillip Smit – hý moet eintlik die rooi kaart kry!"

Toe jaag hy mý af! Met hindsight besef ek die manier waarop ek dit gedoen het, was verkeerd. Dis die bottom line. Maar vandag is hy een van my base en ons gesels lekker daaroor.

Ek het ook ander nonsens aangejaag. Ek onthou hoe ek en Kobus Wiese in 1995 tydens die Wêreldbeker langs mekaar gesit het in die bus op pad na ons hotel. Destyds het jy sulke gróót Nokia-fone gehad en toe bel ek skelm vir Morné du Plessis wat saam met ons op die bus was en maak of ek Desmond Tutu is.

Ek het hom eers geluk gewens met die feit dat die Springbokke 'n plek losgespeel het in die kwarteindstryd teen Wes-Samoa, maar vra hom toe of hy nie vir my vyftig kaartjies het vir die semi-finaal nie. "Nee," het hy geskerm, "ons het nie soveel kaartjies om weg te gee nie, veral nie op so 'n kort kennisgewing nie!"

Toe vra ek hom: "But are you a racist? Why won't you help us?"

Jong, Morné het lekker tense geraak voordat hy agtergekom het ek was besig om die gek te skeer! Almal het lekker gelag. Die volgende oggend, toe lui Morné se foon weer. Dié slag was dit régtig Desmond Tutu. Toe sê Morné: "Balie, jou bliksem, dis al weer jy!"

Wie was die moeilikste teenstander teen wie jy geskrum het? Sterkste loskop was ongetwyfeld Guy Kebble. Enige ou, van Jan Lock af, sou jou vertel het dat hy die mees gevreesde skrumwerker was, seker omdat hy linkshandig was. Eintlik verkies ek dat alle loskopstutte linkshandig is. Daar was eenvoudig nie wegkomkans van hom nie. Hy was pound for pound ongetwyfeld die sterkste scrummer.

Is die ouens agterna regtig altyd sulke goeie pelle, of is hulle soms knorrig vir mekaar? In die ou dae was provinsialisme baie groot en het ons nie altyd baie ooghare vir mekaar gehad nie. Daar was definitief 'n groot-unie-vs.-klein-unie-sindroom. Deesdae het die ouens ook nie meer tyd om ná die tyd 'n bier te drink en te gesels nie. Die ouens is vandag pelle omdat hulle baie meer met mekaar meng tydens nasionale verpligtinge, maar daar is definitief nie meer so baie tyd vir drinks ná die tyd nie.

Vandag se spelers begin dadelik speel en gaan nie eers universiteit toe nie. Dink jy nie hulle mis uit op die lewe nie? Jong, vandag wil elke jong rugbyspeler 'n Springbok word, maar daar is 'n bottelnek. Sedert daar nie meer nasionale diensplig is nie, wil mense binne 'n japtrap iewers uitkom, al ken hulle nog nie hulself nie of weet hulle nog nie wat hulle regtig wil doen nie. Ek glo ook dat spelers nie meer dissipline leer nie. Mens het 'n tydjie ná skool nodig om 'n gap year te vat en te besluit wat jy wil hê, hoe om 'n bestaan te maak en maniere te leer! As jy oorsee gaan, moet jy wérk. Baie van die jong rugbyspelers kan baat vind daarby om sulke dissipline aan te leer. Die lewe gaan nie net oor eet, oefen en speel nie. Dit gaan oor meer as net rugby en om goed te wees in rugby.

Mense kla soms dat rugbyspelers te veel betaal word. Hoe voel jy daaroor? Ek het nie 'n issue daarmee nie, want as jy rugby speel, moet jy mense entertain. Ondersteuners kom kyk na individuele vaardighede en betaal baie vir hulle kaartjies. Hoe lank is 'n stukkie tou? Solank hulle perform en 'n voorbeeld stel en goeie rolmodelle is, kan hulle myns insiens soveel betaal word as wat daar geld is.

My geslag se spelers het wat geld betref die boot gemis, maar iemand soos Carel du Plessis is vir my 'n ikoon al was hy nie 'n welaf "superster" nie. Die manier waarop ouens soos hy hulle lewe geleef het, was vir my 'n voorbeeld in die lewe. Dis kosbaar, want ek het anderdag besef dis nie elkeen beskore om twéé Rugbywêreldbekers te kan wen nie (in 1995 as speler en in 2007 as skrumafrigter). Daarvoor is ek baie dankbaar.

As professionele sportman hou mense jou boonop heeltyd dop,

daarom gaan dit nie net oor wat jy óp die veld doen nie, maar ook hoe jy jou van die veld af gedra.

Raak jy nie soms geïrriteerd as leunstoelkenners stutte beledig wanneer daar tegniese redes is vir 'n swak vertoning nie? Elke ou het die reg op sy opinie en of dit reg of verkeerd is, is nie belangrik nie. Maar daar is baie mense daar buite wat nie die reëls verstaan of ken nie. Dis hoekom "veld-ore" belangrik is, want kykers kan dan verstaan hoekom die skeidsregters besluite neem. 'n Oortreding word oor die mikrofoon aan die speler verduidelik, dus kan die toeskouers verstaan wat die oortreding was. Maar, ja, dit bly 'n probleem dat baie mense nie die reëls ken nie. Dis 'n proses van opvoeding van mense wat fanaties is en hulle eie spelers kan mos nooit iets verkeerd doen nie!

Hoe 'n groot rol speel refs? Soms word een stut herhaaldelik gestraf; probeer hy die ref "toets" of bind sy spanmaats nie reg nie? Nee, die stutte kén die reëls. Dis belangrik dat afrigters klem daarop lê dat spelers die reëls goed ken. Die stutte kyk maar altyd waarmee hulle kan wegkom. Jy sien, die reëls is eintlik baie eenvoudig. Soos hulle in Engels sê: Hit straight, stay straight till the ball is in. After the ball is in, no individual angle is allowed and the referee is in charge of the engagement call.

Dis mos eenvoudig, maar almal wil maar die reëls toets. As jy dan gepiets word, moet jy die gevolge dra. Die dissipline raak egter beter, want die afrigters besef al hoe meer dat wedstryde só gewen of verloor word. Daarom dat daar in 2010 'n 25 persent verbetering was met resets in vergelyking met die vorige jaar.

Wie is die volgende groot "sterstutte" in Suid-Afrika? Dis moeilik om te sê, want dis so cut-throat in rugby. Sommige ouens verdwyn eenvoudig uit die stelsels. Wat jy insit, kry jy uit. Ek was nooit 'n ster nie, maar ek het verstaan wat die intensiteit was wat nodig was om 'n spanman te wees. Ek het altyd my kant gebring om deel van die span te wees. Ek het op die veld aangeswitch – ek was met ander woorde 'n bietjie mislik – maar het altyd probeer om van die veld af weer 'n gentleman te wees. Uiteindelik maak nie almal wat talentvol is dit tot op die boonste vlak nie.

As jy Springbokrugby in een paragraaf kon opsom? Elke keer as ek daai trui sien, besef ek opnuut hoe ek gevoel het toe ek die eerste keer vir die Bokke gespeel het. Ek dink aan die tradisies daaragter wat nooit verlore moet gaan nie. Dit staan vir iets baie groter as die individu. Dis hoekom sommige spanne beter vaar as ander. In All Black-rugby gaan dit nét oor die Swart Trui – dís hoekom hulle so goed is. Die span wat vanjaar die wêreldbeker gaan wen, sal báie goed moet wees om die All Blacks op hulle tuisveld te wen. Dit sal basies die ultimate prestasie wees om dít te bereik.

As jy die Groen-en-Goud oor jou kop trek, moet jy dink aan jou land en vorige Bokke met daardie nommer. 'n Mens moet altyd nederig wees en respek vir ander mense behou.

BALIE SWART het as stut 85 wedstryde vir die WP en 120 vir die destydse Transvaal gespeel. In 1995 was hy lid van die span wat die Rugbywêreldbeker gewen het en in 2007 was hy as skrumafrigter ook deel van die wêreldkampioenspan. Min mense weet dat sy volle naam Izak Stephanus Swart is en dat Balie die bynaam is wat hy op skool gekry het. Hy is deur die dik en dun van die lewe danksy sy geloof en die goeie maniere wat hy by sy pa, Izak, geleer het.

NEIL KROESE

In die skadu van Dok Craven

Daar mag dalk 'n paar babablouerige mense wees wat van my sal verskil, maar as jy my vra, is Stellenbosch die hart van Suid-Afrikaanse rugby. Dat ek hier my verstand gekry het, het seker iets met my standpunt te make, en seker ook die feit dat hierdie verstand van my van die heel begin af 'n goeie dosis rugby ingekry het – Stellenbosse rugby.

Een van my kosbaarste besittings is 'n getekende Springbokspanfoto wat wyle Rampie Stander vir my ná die Bokke se 1974-toer uit Frankryk saamgebring het. Rampie, wat van 1974 tot 1976 vir die Bokke stut gespeel het, was getroud met 'n niggie van my ma. Die foto is nou al verbleik, die ink skaars sigbaar en die Franse byskrifte by die foto steeds onverstaanbaar, maar my herinneringe aan Rampie bly kristalhelder. Ek onthou menige aand om die braaivleisvuur, met my ma se kerrietjops op die rooster en ek en my pa wat aan Rampie se lippe hang.

Een van sy stories is, kan jy maar sê, is die fondament waarop my mening omtrent Stellenbosch se posisie in Suid-Afrikaanse rugby staan. Rampie vertel hoe hy in sy studentedae op die bergpad aan die voet van Stellenboschberg saam met die Matiespan gaan draf. En hy suffer. Die volgende oomblik hoor hy 'n stem wat sê: "Rampie, hoekom loop jy?!" Rampie skrik hom skoon uit sy moegheid uit – dit klink dan nes die Stem van Bo! Jy hoor net takke kraak soos hy hol. Later eers hoor hy dit was Dok Craven wat in 'n boom gaan sit en sy manne 'n bietjie dopgehou het.

Jy kan maar sê Dok Craven se gestalte troon hoog uit in my

herinneringe. Hy het nooit omgegee dat ons as tjokkers langs die veld rondhang terwyl hy en sy hond, Bliksem, die Maties gebrei het nie. My vriend Niels Momberg en sy boeties was ook gewoonlik daar. Tydens wedstryde op Coetzenburg het my pa op die pawiljoen gesit en ons het langs die veld gespeel. Op 'n keer het ek tot groot vermaak van die skare probeer om 'n bal wat Dawie Snyman kantlyn toe geskop het uit die lug te vang. Maar die kombinasie van 'n swaar Super Springbok-leerrugbybal, swaartekrag en 'n tjokker lewer nie noodwendig goeie resultate nie.

Coetzenburg het groot rugby gesien en groot name het daar gespeel. Ek was daar die dag toe Rob Louw in 'n Maties-Tukkies-intervarsity vir Naas Botha met bal en al agter die doellyn betrap het. Vir 'n WP-ondersteuner soos ek was dit 'n pragtige gesig.

Self het ek op Laerskool Stellenbosch begin rugby speel. Dit was 'n heuglike dag toe my ma my met moederlike teësinnigheid op die skool se veld gaan aflaai het vir my eerste rugbyoefening. Ek was nege jaar oud. Ons is afgerig deur Gert Coetzee, of Shorty, soos hy bekend gestaan het omdat hy korter was as 'n ánder meneer Coetzee wat daar skoolgehou het.

Shorty was van Heidelberg, Kaap, en het vreeslik gebry. Die drie basiese beginsels van rugby soos hy dit by ons ingedril het, is steeds die boustene van my rugbykennis. "Haggdloep! Haggdloep!", "Tggap hom! Tggap hom!" en "Tekkel! Tekkel! Tekkel!" Dit wat hy nie kon verwoord nie, is aan sy fluitjietou oorgelaat.

Hoe dit ook al sy, met my eerste oefening moes ons dwars oor die veld speel, met die kantlyne as doellyn. Ek het nie vrae gevra hieroor nie, maar was besonder die moer in toe die drie wat ek later in my eerste wedstryd sommer van die afskop gedruk het tot niks meer as 'n lynstaan gelei het nie. Maar dit was seker minder vernederend as die drie wat ek met die WP se o.13-Cravenweekproewe agter die kwartlyn gaan druk het, pas nadat Eben Pieterse my in die voorafgaande losskrum 'n allemintige hou met die kop toegedien het. Kom ons sê maar die stamp het my oordeel so 'n bietjie aangetas. 'n Jaar later sou ek dankbaar saam met Eben in dieselfde span vir Paul Roos speel.

'n Rugbesering in standerd 8 het 'n einde gebring aan my ernstige rugbydrome. Paul Roos se wynspan was nou my voorland. Ek kon ook nie meer flank speel nie en skuif toe na binnesenter. My ma was onder die indruk dat senters minder aan geweld blootgestel word. Wel, Moeder, vandag kan ek bekend maak dat dit nie so is nie – in elk geval nie as jy dit ordentlik wil doen nie. Daai binne-"channel" is maar moeilik; dié dat Jean de Villiers konstant beseer is.

Paul Roos se rektor (hoof!) het daai jare oënskynlik 'n ooreenkoms met die kweekskool gehad, want in baie van die laer spanne se wedstryde was 'n proponent die skeidsregter. En die bliksems het selfs strafskoppe uitgedeel vir taalgebruik! Dit was in een so 'n wedstryd vir Paul Roos se o.19E-span teen Simonstad se tweedes dat ek my laagtepunt in rugby beleef het. Wel, vir my arme pa was dit 'n laagtepunt. Sien, fiksheid in die wynspanne was nie noodwendig 'n vereiste nie en dit het veroorsaak dat ons gewoonlik die eerste twintig minute soos besetenes gespeel het en hope punte opgestapel het; daarna het ons maar net getekkel en gehoop vir die beste.

In die meeste gevalle was ons suksesvol, maar dié dag teen Simonstad het dinge anders verloop. Met nog vyftien minute oor was ons voorsprong 'n skamele sewe punte. In 'n stadium bevind ek my manalleen op die verdediging aan die steelkant, met twee Simonstadse manne wat op my afstorm. Ek maak toe die call om na buite te verdedig, waarop die baldraer aan my binnekant verbyglip en laggend oorval vir sy drie. Ja, die bliksem lag toe wragtag vir my.

Nodeloos om te sê het ek sy "nommer gevat" – nommer 10. Met die afskop vra ek toe vir ons losskakel, Mark van Niekerk, om 'n bietjie weg van die vories te skop. Dinge gebeur toe ook nes ek gedink het. Simonstad, wat in daardie stadium drie punte agter was, laat loop wat hulle toe as 'n losbal beskou, en ek en die bal kom so gelyk by die giggelende losskakel aan. Toe hy my sien, was dit te laat. Hy wou nog skop, toe tref ek hom op volle vaart en met my volle 80 kg in die midderif, onder die bal uit.

Daar lê hy, uit soos 'n kers, met 'n bewende Gerrie Coetzee-onderlip. Die proponent in beheer van die wedstryd skrik hom in 'n ander bloedgroep in en jaag my summier van die veld af. Daar was regtig niks fout met die tekkel nie, al moet ek dit nou self sê, en dit was een van die beste tekkels van my lewe. Maar die proponent wil niks hoor nie. "Af is jy!" is al wat hy met 'n gestotter kon uitkry. Ons kaptein, Flavio Costa, nou wyle, protesteer driftig teen die onreg, maar die uiteinde was dat sowel ek as Flavio die einde van die wedstryd van die kantlyn aanskou het. Tot vandag toe nog weet ek nie wat Flav vir die proponent gesê het nie, maar ek vermoed sy Italiaanse bloed het die oorhand gekry.

Ons het darem die wedstryd gewen. Die proponent het ons egter nooit weer op 'n rugbyveld gewaar nie.

My pa was taamlik kwaad vir my; hy beweer hy kon presies sien wat my intensies was. Maar een van die geliefde onderwysers by Paul Roos, oom Giel de Wet, het egter gesê hy kon g'n fout met die tekkel sien nie. Dit het my beter laat voel, want ek het regtig nie geweet wat ek kwansuis verkeerd gedoen het nie. Jy kan mos nie 'n speler straf vir 'n skeidsregter se oordeelsfoute nie? Ongelukkig het ons rektor soos my pa gedink en dit het mooipraat gekos om hom en sy geliefde rottang in toom te hou.

Paul Roos se eerstespan het in 'n stadium 'n jaarlikse toer na Springbok in die Noord-Kaap onderneem. In 1982 besluit die hoof toe dit sou 'n goeie idee wees om Paul Roos se o.19E-span sommer saam met die eerstespanbus na Nuwerus te stuur vir 'n wedstryd teen die Hoërskool Nuwerus. Daar was wel die een of ander sinistere verklaring vir die besluit . . .

Dit was reeds skemer toe die bus ons die Vrydagmiddag laat op Nuwerus aflaai. Ek sal nou nie doekies omdraai nie: Ons was windgat en oorgerus. Ons het gelag vir die dorp met sy moerse kerk en stofstrate, en later die Vrydagaand, ná al die amptelike verwelkomings, sak 'n groep van ons af na die huis van die enigste mooi meisie op die dorp. Daar sit ons toe tot wie weet watter tyd en koffie drink, gesels en na Sonja Heroldt se musiek luister. Die meisie se ma het later kom vra dat ons net die ligte afsit, anders sal die mense in die dorp skinder. As ek reg onthou, het Danie Kriel dit reggekry om 'n vrytjie by die meisie te bewimpel; die res van ons is droëbek terug koshuis toe.

Vroeg die Saterdagoggend is ons die eerste keer veld toe vir 'n opwarmingsoefening. As jy Nuwerus se veld ken, sal jy weet waarvan ek praat. Die enigste groen kolle was duwweltjies wat geblom het. Dit was net spoelslote, sand en klip en allerlei dieregate in die grond. Om dinge te vererger, staan die hele distrik se mense toe reeds met hulle bakkies rondom die veld geparkeer. Moerse gebeurtenis dié – Nuwerus wat teen die groot Stellenbosse rugbyskool speel.

Gedurende die wedstryd is elke beweging van Nuwerus en elke naamgatmaak-aksie van ons met 'n toetergeskal begroet. Die Nuwerusmanne was groot en hard, nes hulle veld. In die eerste helfte het ek die bal twee keer van my losskakel, Mark van Niekerk, gekry; die ander kere het hy bal en al oor sy eie voete geval. Ek het self twee keer só geval.

Rustyd loop ons 0-20 agter. Ons besluit toe al wat ons in die tweede helfte gaan doen, is om die bal veld-af te skop en dan soos demone te tekkel. Ons doen dit toe ook, en die eindtelling was 'n skaflike 0-20-nederlaag. Ek het gehoor dié oorwinning van Nuwerus het selfs die streeknuus oor die radio gehaal, hoewel die omroeper nooit gesê het dit was teen Paul Roos se o.19E-span nie.

Ons het later ons hoof gesmeek om 'n tuiswedstryd teen Nuwerus te reël, want ons wou daai manne op ons grasgroen Markottervelde 'n rugbyles leer. Redelike mens wat hy was, het hy nooit ingestem nie.

Ná skool het ek 'n paar wedstryde vir die Vloot se Mediese Sentrum in Simonstad gespeel. Die oorgang van skole- na klubrugby was egter nie speletjies nie – dít het ek vinnig agtergekom in 'n wedstryd teen die span van Pollsmoor-gevangenis. In die weermag was ek terug as nommer-7-flank. Ek is nie baie lank nie en lynstane was dus soms 'n saak van gebed.

Ferdi Nel, wat saam met my vir Paul Roos se o.14- en o.15A-span gespeel het, het altyd die gewoonte gehad om in lynstane op sy teenstander se voet te trap. Dis moeilik om te spring met 'n man op jou voet, en boonop kyk skeidsregters nie daarvoor nie. In die wedstryd teen Pollsmoor probeer ek toe dié truuk teen Takkies Reitz, dieselfde Takkies wat op 'n kol vir Boland slot gespeel het. Ná die eerste keer se trap op sy voet sê Takkies vir my: "Boetman, ons gaan nie vandag op mekaar se voete trap nie, want jy kan nie dié fight wen nie."

Ek het die fight ná die tweede lynstaan verloor en daarmee sommer ook my lus om verder rugby te speel.

Die Rugbywêreldbeker van 1995 in Suid-Afrika was vir my die gebeurtenis van die eeu, maar sedertdien het ek geleer rugby is maar net 'n game. Weliswaar die grootste game denkbaar en iets waarsonder ek nie maklik sal kan of wil klaarkom nie. En al veretter die politici ons sport in hulle dolle gejaag na die gans se goue eiers wat mos maar saam met 'n professionele sport soos rugby kom, sal ek altyd getrou bly aan die Laerskool Stellenbosch, Paul Roos Gimnasium, Maties en die WP, en sal my bloed altyd groen bly. My colours is duidelik, my broe'.

NEIL KROESE woon sy hele lewe lank al op Stellenbosch. Ná 'n jaar of wat se minder suksesvolle studie in die regte aan die US beland hy in die versekeringsbedryf en is vandag nog in sy vrye tyd 'n polissmous. Die meeste van sy tyd word egter in beslag geneem deur die maak van kos vir sy vroutjie, Aneen, en goeie vriende. Benewens spys en drank is kubersluip op LitNet en die verwerwing van 'n private vlieglisensie by die Stellenbosch Vliegklub ook hoog op sy agenda.

MARCO BOTHA

Welkom in Welkom

Welkom is nie 'n plek vir sissies nie, het ek gou besef. Bedags trap die manne die koppelaar en saans mekaar se koppe. En ek was nog nie vyf dae daar nie, of ek moes dink aan wat die ou mense oor engele en spoed gesê het – dat die engele padgee uit jou mouterkar as die naald verby 120 km/h klim. Nie dat Welkom jou die indruk gee dat die engele daar rondhang nie, wat nog te sê van saamry in jou Ford Sierra. Juis nie.

Maar laat ek verduidelik.

Ek was in Welkom om vir 'n koerant oor die Cravenweek verslag te doen. Ek ken die plek van g'n kant af nie, en die Sondagaand ná my aankoms ry ek in die hoofstraat af, so teen halftien se koers. Daar is skaars 'n mens in sig! By die KFC is die kolonel se manne darem nog bereid om 'n Suidwes-aartappel of twee deur die olie te stoot, maar andersins is daar niks wat 'n besoeker *Welkom in Welkom* laat voel nie, soos wat die bord by die dorpsingang my wou laat verstaan het.

Toe ek die volgende oggend by die Noordwes-stadion inklok, loop ek ene Jan op die lyf en ek vra hom oor die dorp se onverklaarbare stilte. Nee, sê hy, in dié geweste is dit 'n Sabbatsgewoonte om saans by Mustangs of die Sportsman's Pub "'n ietsie te vat".

Jan, wat sy verstand op Robertson in die Boland gekry het voordat hy 'n hoenderplaas net buite Welkom kom staanmaak het, moes seker my gedagtes gelees het. "Oppas," sê hy. "As 'n ou jou vra of jy na sy cherry kyk en jy sê ja, gaan hy jou donner. En as jy nee sê, gaan jy ook gedonner word, want dan aanvaar hy jy dink sy is lelik."

Ek sit nog dié nuttige brokkie inligting en bepeins toe spring 'n stormdronk knaap van skaars sestien uit die pawiljoen oor die reling en gaan neem in die Oostelike Provinsie se agterlyn stelling in, klap sy hande en roep vir die bal. Jan is 'n bietjie wit om die kiewe. "Toemaar," sê ek, "dié soort ding gebeur ook in die Kaap."

Die res van die week het egter foutloos verloop. Hoewel ek agtergekom het dat jy in Welkom maar altyd lig moet loop. Ek en Hannes, 'n Bloemfonteinse kollega, het byvoorbeeld dié Maandagaand by Mustangs gaan inloer.

Voor die kuierplek staan 'n ouerige wit Toyota Corolla – een met vier vierkantige uitlaatpype, woelige mêgs om iedere as af te rond, swart ruite en 'n ekstra glasveselpaneel reg rondom die tjor sodat hy veel nader aan die grond sit as wat die Japannese destyds vir daardie model beplan het. Die lugvin op die *boot*, weet ons toe al, is 'n standaardtoevoeging tot die meeste motors in dié distrik. Selfs 'n Fiat Uno kry sy vin.

Mustangs loop oor van swanger tieners, kleuters en bikers met leerbaadjies, weelderig geborduur met arende, die Groot Vyf of wat 'n man ook al op sy uitgaanpakkie wil hê. Jy dra jou keps so skuins oor jou regterwenkbrou, sien ek. En jy verwys los en vas na die vroulike anatomie, binne en buite konteks. En só onderskei jy die ordentlike ouens van die gomgatte: Eersgenoemde vra of jy as besoeker sal omgee as hulle die p-woord gebruik. Dik uitgeskollie, sê ons Kapenaars.

Die kuierplek self is baie gesellig. Alles, van die kroegtoonbank tot die muurpanele, is van donker laaghout. Teen die mure is geraamde rugbytruie van Welkom se ses rugbyligaspanne. Mustangs borg glo byna almal. "Veertien van die Rhinos kom van die Vrystaat af, my tjomma," is ek vroeg al ingelig. Gelukkig weet ek darem die Rhinos is die Suid-Afrikaanse rugbyligaspan.

Jy kan ook van Mustangs sê wat jy wil, maar sy spyskaart is 'n wenner. Vir R47 kry jy 'n 500 g-cheddarmelt-steak met 300 g sampioene daarby; vir R37 kry jy 300 g sirloin plus 300 g ribbetjies en nog tjips ook. Die eienaar maak glo sy geld op die drankverkope.

Aangesien ek en Hannes ons nie vasgeloop het in daai cherry-slaggat nie en die spyskaart ons so beïndruk het, is ons die Donderdag terug in Mustangs. Maar dié keer is die tafel reg langs ons, wel ... grillerig. Nóg 'n swanger tiener sit op haar heelwat ouer kêrel se skoot en rook; langs hulle neem 'n stokende buffel van 'n meisiemens die res van die plek in beslag. Laasgenoemde se Pukke Aptekers-baadjie laat my diep dink oor die gebruik van my mediese fonds se oor-die-toonbank-vergunning.

Terwyl ek en Hannes vir ons R37-special wag, besluit ons om 'n potjie *pool* te speel. Ons moes 'n manier kry om besig te lyk, het ons gedink, want netnou dink 'n rugbyligaspeler ons "check sy cherry".

By die tafel langs ons s'n speel 'n gomgatterige knaap tussen oorgewig en vet met 'n Springbok-mussie laag afgetrek oor sy ongeskeerde gevreet. Hoe sy broek bo bly, weet ek nie. Saam met hom is 'n swart man met 'n Blou Bul-trui en 'n goeie begrip van Afrikaans. Dan is daar 'n jong lat wat wil lyk soos Elvis in 1968 gelyk het, uitgevat in 'n pikswart pakkie met 'n wit T-hemp, hare agteroorgekam, pork chops aan die kante van sy andersins gladde gesig. Sy leerskoene het 'n goeie paksel stof tussen die krake, en iets sê my hy is nie so *smart* as wat sy pakkie en blinknat hare jou wil laat glo nie.

En dan was daar die man wat my aan die ou mense en hulle engele laat dink het. Vroeër was ek en Hannes dit eens dat hy presies die soort ou is waarmee ons nie in Welkom slaags wil raak nie. Hy was seker sowat 45 jaar oud, het 'n kaalgeskeerde kop gehad en voorarms wat Hempies du Toit s'n soos Percy Montgomery se kuite sal laat lyk. Sy netjiese knoophemp het agter by sy jeans uitgehang, en die moue was tot in die middel van sy biseps opgerol. Moerse mens, het ek en Hannes saamgestem.

Soos wat dit maar met my en *pool* gaan, het ek die wit bal eerste gesink. Die twee skote wat ek afgestaan het, het my egter nie soveel gepla nie – dis die feit dat daardie witte nou iewers moes gaan staan en vashaak het.

Hannes, eens Boshof se dorpspan se eerstekeuse-haker, het die tafel aan die een kant probeer lig, maar niks . . . "Vasgebout," is sy verklaring, en hy rig hom tot ons vier bure. "Skies, manne," sê hy, "kan ons, terwyl julle 'n biertjie vat, gou julle wit bal leen om ons s'n los te kry?"

En so wragtig, daar sit hulle bal ook vas! Hannes roep 'n kelner nader om te kom help, maar voordat jy kon sê "cherry" is ons bure terug. Het hulle dan hulle biere gedown?

"Ja, wa's ons bal? Ons wil speel," sê die kaalkop, en die ou met die mussie chalk al hulle stokke.

"Man, laat ek jou só sê," skerm ek hakkelend. "Hannes werk daaraan . . ." En toe besluit ek om maar met die sak patats vorendag te kom: "Julle bal sit nou ook vas . . ."

"Nee, maar dis glad nie goed nie," sê die kaalkop en lig die tafel met een arm op. "Is julle van hier?" Hy frons.

Het ons maar die spoed van 'n S.A. Skole-vleuel gehad!

"Nee, ons is hier vir die Cravenweek," sê ek baie, baie versigtig. "Ek skryf vir *Rapport* en hy, Hannes, vir *Die Volksblad*."

"Ek en my vroutjie daar anderkant is van Limpopo," brom die kaalkop. "Ook hier vir die Cravenweek." Dan sien ek die frons begin stelselmatig verdwyn soos wat die gesprek verder en verder op die terrein van rugby beweeg. "My seun was gister speler van die wedstryd vir die Limpopo Blou Bulle," sê hy – en hy brom nie meer nie.

"Man, maar dan is Roy-Ramon Auret mos jou klong?" My ore flap soos ek my kop uit pure vriendelikheid skud. "Ek en Hannes wys die speler van die wedstryd aan en sy hat trick het ons met geen ander keuse gelaat nie! Dis nou vir jou 'n klein wêreld, nè?"

Dat Roytjie se pa kort daarna "die pers" omhelsend aan sy vrou gaan voorstel het as "die champions wat Roy-Ramon mên of de mêtch" gemaak het, is die grootste getuigskrif vir rugby se vermoë om mense te versoen sedert Nelson Mandela in 1995 op Ellispark Francois Pienaar se trui gedra het. Die volgende ronde was noodwendig op meneer Auret; die aanbod om elande op sy plaas te gaan jag, 'n blote bonus. Dat albei wit balle uiteindelik herwin is, het later vir niemand meer saak gemaak nie.

Dit was later dié aand, toe ek met my gesig en my beursie steeds ongeskonde in my bed in die gastehuis Angel's Creek oor die lewe peins, dat die ou mense se wyshede oor engele en spoed my bygeval het. Die ou mense is verkeerd, het ek besef. Engele maak g'n spore as die naald die 120-merk begin tart nie. Hulle klim juis in wanneer 'n Mustangs op sy warmste is.

ERNS GRUNDLING

Nag van die Lang Vuvuzelas

Die vrou voor my kap haar goue kredietkaart teen die toonbank. "Two tickets, please," pleit sy. "Anywhere!"

Dit is twee minute oor nege. Ek wag saam met sowat dertig mense in die tou by Computicket in die Waterfront. Sodra dié vrou klaar gehelp is, is dit my beurt. Die waansin lê vlak: Ons is almal desperaat op soek na kaartjies vir die wedstryd van die jaar – die Super-14-finaal in Soweto tussen die Bulls en die Stormers.

Twee minute gelede is slegs 3 600 kaartjies vir die publiek beskikbaar gestel. Met derduisende mense wat landwyd op Computicket toesak (of oor die internet en telefoon probeer bespreek), voel dit byna soos 'n lotery. As jy gaan op twee kaartjies per persoon (die maksimum), kan daar net 1 800 gelukkiges wees.

Ons senuweeagtige spulletjie moet vreemd lyk vir verbygangers. So 'n entjie agter my in die tou probeer 'n lang man tegelykertyd op sy telefoon én skootrekenaar bespreek: Hy knyp sy selfoon vas teen sy skouer, terwyl die skootrekenaar net-net op sy knie balanseer. Hy lyk diep bekommerd.

"The system is hanging . . ." sê die meisie agter die toonbank, en dan, sekondes later, in 'n robotstem: "I'm sorry, the game is completely sold out." Dit het alles binne drie minute gebeur.

Ons staan eers verslae na mekaar en kyk. Dan skop die bodemlose teleurstelling in. 'n Spontane losgemaal ontstaan by die toonbank – 'n katarsis by Computicket. Party mense vloek; ander kla. Ek hoor iemand saggies snik. Ontroosbaar.

Die meeste mense hier het die een of ander verskoning bedink om nie nou by die werk te moet wees nie. Ek ook. Maar nou moet ek stert tussen die bene terug kantoor toe. Ek laat weet my woonstelmaat, wat saam met my sou gaan, per SMS: *It was not meant to be*...

Realiteit skop in. Die mense stap weg van die toonbank, op dieselfde moerige manier waarop die Boet Erasmus-stadion se oop pawiljoen altyd met so tien minute oor begin leegloop het. (Vir die rekord: Niemand kon die OP op die Boet in die eerste twintig minute troef nie.)

Nou is dit net ek wat nog hier rondstaan. Die meisie soek tevergeefs na beskikbare sitplekke, die woorde "Sold out" flits elke keer op die skerm. Die minute tik verby; ek is gevaarlik laat vir 'n vergadering by die werk. Ek weet self nie meer wat ek nog hier soek nie.

Skielik staar sy met pieringoë na die skerm, voordat sy gil: "Wait! I found two tickets!" Dit moet letterlik die laaste twee kaartjies wees wat met die een of ander vloekskoot weer in die stelsel beland het. Die note bewe in my hand.

Soweto, sien jou Saterdag!

My liefde (jy kan dit ook obsessie noem) vir rugby het dalk heelwat te doen met twee boeke wat my lewe in 1989 verander het. Ek was in standerd twee, 'n propere *nerd* wat aan redenaarskompetisies deelgeneem het én 'n sukkelende slot in die o.13B-span van die Laerskool Handhaaf op Uitenhage. Ná 'n stuk of vier wedstryde kon ek steeds nie sê ek het self één keer aan die Super-Springbok-rugbybal geraak nie (nie eens in die lynstane nie). Ek is van nature lomp; my kleuterskooljuffrou se kommentaar aan my ma ná my eerste dag was nie "Erns kom goed met die ander maatjies oor die weg" of "Erns kan homself laat geld op die klimraam" nie. Nee, dit was bloot: "Jy moet jou kind dokter toe vat. Hy loop snaaks."

Maar terug by die twee boeke. Met puberteit enkele weke in die verlede, en Noord-Transvaal op pad na nóg 'n Curriebeker-eindstryd, het my ma dit goed gedink om daardie middag ná skool dr. Jan van Elfen se *Wat seuns wil weet* en Edward Griffiths se Naas-biografie (bloot getiteld *Naas*) heel diskreet op my bed neer te sit. Ek weet nie wat Freud hiervan sou sê nie, maar ek het albei boeke met groot ywer begin lees, sommer in tandem.

Kom ons sê maar net ek het nooit weer dieselfde na meisies (of Naas) gekyk nie.

Hoewel ek vir die OP geskreeu het (om 'n verloorspan te ondersteun is nie vir sissies nie), was ek 'n groot Naas-*fan*. Ek het selfs in 'n ongemaklike hoë stemmetjie (voor my stem gebreek het) gegil wanneer Naas 'n skepskop teen die WP oorklits – iets wat jy as 'n reël nie gedoen het as jy in die ou Kaapprovinsie gewoon het nie.

Een sin uit die Naas-boek het my egter in 'n tienerdepressie gedompel. Edward Griffiths het op die een of ander vae, filosofiese trajek gegaan oor hoe belangrik jou omstandighede is om sukses in die lewe te behaal. As Naas byvoorbeeld in China gewoon het, het hy retories gevra, sou hy ooit rugby gespeel het? Dit maak soort van sin, maar ou Edward skryf toe wraggies op bladsy 35: *Sou ons ooit van Naas Botha gehoor het, vra hulle, as hy byvoorbeeld in Uitenhage grootgeword het?*

Ek het die boek eenkant toe gesmyt en my eerder verdiep in die hoofstuk waar dr. Van Elfen masturbasie afmaak as "niks anders as seks op eie houtjie nie".

Goeie hemel, Edward Griffiths, hoe kon jy 'n jong seun só in die gesig vat? En wat van Danie Gerber, die Doring van Despatch, wat skaars tien kilometer van ons huis af gewoon het? Of Frans (Domkrag) Erasmus, vir wie Zandberg Jansen altyd teen die einde van sy TV-program met "Nag, ou Grote" gegroet het?

Want soos die meeste seuns het ek ook, al het alles op die teendeel gedui, daarvan gedroom om eendag in die Groen-en-Goud uit te draf. Ek het gehoop op 'n hupstoot van my pa se gene – hy was op sy dag Cravenweeksenter en het vir die OP se o.20-span gespeel (terloops, op universiteit het sy sleutelbeen gebreek ná 'n plettervat deur die Bokkaptein Hannes Marais).

My pa kon egter ná 'n groot motorongeluk nooit weer rugby speel nie, maar was wel later jare 'n skeidsregter in die OP-liga. Ek het dikwels saam met hom gegaan wanneer hy Saterdae op klein dorpies soos Patensie en Kirkwood "gaan blaas" het.

Ek is tot vandag dankbaar hy het nooit met die destydse Uitenhage-kaptein Japan le Roux stry gekry nie. Japan was 'n willewragtag op die veld en is vir vyf jaar geskors nadat hy 'n skeidsregter katswink geslaan het. Ja, ons ouens was rof in die ou dae . . .

My kollegas – almal vurige Stormers – praat nie met my nie. Veral my oopplan-buurman, Leon-Ben, is stom van woede. Want sien, ek is mos 'n manteldraaier. 'n Kontemporêre Judas. In wat sonder twyfel 'n loopbaanbeperkende besluit was, het ek 'n Blou Bul-bekering gehad.

'n Paar maande tevore was ek nog huilerig op Nuweland se spoorwegpawiljoen ná Sireli Naqelavuki (of "daai ****** Fidjiaan") se hoogvat in beseringstyd, wat die WP 'n plek in die Curriebekereindstryd gekos het. Wat het intussen gebeur?

Wel, my nuwe woonstelmaat, wat die Bulls met groot entoesiasme ondersteun, kon 'n rol in my besluit gespeel het. Of dalk was ek net lus om 'n slag vir 'n wenspan te skreeu. (Weer eens moet ek die arme OP blameer vir my verspeelde jeug.)

Dit is nie die eerste keer dat mense kwaad is vir my oor so iets nie. In my hoërskooljare het ek 'n amper ongesonde fassinasie gehad met die Engelse senter Jeremy Guscott. Op veertien het ek byna oornag ontpop in 'n naelloper (jy sal dit nooit vandag sê nie . . .) en is "bevorder" van die vaste vyf na buitesenter. En Guscott, met sy oog vir 'n gaping, bedrieglike vaartversnelling en moeitelose "reguitmaak" het my verbeelding aangegryp. Ek het selfs in 1994 deur die *Sports Illustrated* 'n Engeland-rugbytrui bestel, wetende dat ek waarskynlik persona non grata in die Brandwag Hoërskool se o.15A-span gaan wees.

Terloops, Jeremy Guscott het indirek 'n rol gespeel in die einde van my rugbyloopbaan. In matriek (ek was toe regtervleuel vir die tweede span) het ek een middag in 'n oefensessie teen die eerste span probeer om die opposisie-vleuel te uitoorlê. Sy naam was egter Wylie Human, wat later vir Bath en omtrent elke Suid-Afrikaanse franchise, die Bulle inkluis, sou speel. Ek het geweet niemand kan om Wylie hardloop nie. Diep onder die indruk van Guscott het ek 'n grubber geskop – 'n patetiese poging, netjies in Wylie se hande . . .

Met 'n uitgestrekte arm het ek hom probeer ankle-tap, en in die proses het my neus met die hak van Wylie se een rugbytok kennis gemaak. Ek moes 'n week later 'n nose job kry, en het besluit om my rugbystewels op te hang.

Maar die eintlike rede waarom my bloed nou blou is, was die tonele op TV van die vorige naweek se halfeindstryd teen die Crusaders in Soweto se Orlando-stadion. Ek het in die Perseverance Tavern in die Kaap gesit en kyk, en eenvoudig gewéét: Hierdie eksodus na Soweto van duisende mense wat uit hulle middelklas-gemaksones beweeg, en die spontane samesyn in die strate, is iets wat ek nie durf misloop nie.

Die groot dag het nie sonder sy kwota drama begin nie. Ek en my woonstelmaat het 'n vroeë vlug bespreek en reeds halfvyf opgestaan. Op Kaapstad se lughawe was daar chaos – ons vlug was eers met 'n uur en 'n half vertraag, en is toe geskuif na Lanseria in plaas van O.R. Tambo.

Maar hier is ons nou, 'n paar uur later, by Nasrec se Expo Centre buite Soweto. Op pad hierheen het ons reeds konstruksiewerkers gewaar wat groot blou vlae waai.

Dit is skuins ná elf in die oggend, en die mense kuier reeds vir 'n vale. Die motors staan gepak; elke kattebak is 'n minikroeg. Hiervandaan word ons met Rea Vaya se busse na die Orlando-stadion vervoer. Bok van Blerk en Robbie Wessels se "Ons vir jou, Suid-Afrika" blêr uit 'n bakkie. Koerantverkopers hou glimlaggend plakkate omhoog: *Bulls rule in Soweto*. Die reuk van boerewors en Black Label hang swaar in die lug.

Jong bulletjies (in meer as een sin van die woord) blaas vuvuzelas dat dit lyk of die are in hulle voorkoppe gaan bars. Vandag is die vuvuzela volksbesit. "Pierre Spies gaan Schalk Burger in die grond trap," hoor ek iemand sê. "Ons gaan hom begrawe in Soweto."

Mwaaaaaap!

'n Man, potblou geverf en met 'n gek gesigsuitdrukking, kom vra 'n donasie. Sy naam is Theuns en hy samel geld in om die Bokke te gaan ondersteun in 2011 se Wêreldbeker. "Viva Amabloubulle, eish jaaaaa!" brul hy in die verbygaan.

Kyk, ek moet bieg: Vir 'n nuwe lidmaat in die Blou Bul-gemeente is dit 'n bietjie van 'n kultuurskok om mense wat nes my destydse kinderkrans-tannies lyk te sien met blou krulhare, tatoe op elke wang, 'n ring deur die neus, vuvuzela onder die arm en twee wilde horings op die voorkop.

T-hemde word opgeraap: *Orlando Bulls* (die Pirates-kopbeen het plek gemaak vir 'n bul) en *We are marching to Soweto*.

Op pad na die bushalte tref dit my: Ongeag al die slegte nuus en daaglikse vrees en bewing, het Suid-Afrika 'n bleddie ver pad gekom sedert 1976, toe skoolkinders hier in Soweto teen Afrikaans as onderrigtaal en die apartheidsregime in opstand gekom het. Vandag marsjeer ons ook, maar in vrede.

Toe die bus by Mookistraat stop, reg oorkant die stadion, voel dit of ek by die Blou Bul-ekwivalent van Alice se haasgat afgeval het. Alles is blou. 'n Vuvuzela-massaorkes dawer deur my ore, soveel so dat ek skaars kan hoor hoe "I bless the rains down in Aaaaa-frica" oor die luidspreker weergalm.

Mwaaaaaap!

Was hier al ooit so baie witmense (die destydse polisie uitgesluit) in Soweto? En wie sou kon raai dat almal so tuis kon wees in die township?

By die klein sjebien reg oorkant die stadion kuier almal saam tussen die sinkplate en wasgoeddrade. Omies met groot snorre (party is blou) staan tou by die sjebien vir 'n Black Label quart. Steeds word vuvuzelas soos ramshorings geblaas en onder wapperende babadoeke sit 'n groepie mense – Pretorianers en Soweto-inwoners – en sing "Nkosi Sikelel' iAfrika" uit volle bors. Nog 'n blougeverfde "pryssanger" draf verby. Sy banier lees: "Al wat jy sien, is die Blou Sowetomasjien!" Inderdaad.

'n Entjie verder in die straat af loer ons in by nog 'n sjebien. Die gebou is ligblou geverf met die woorde "Vodacom Bulls Welcome" groot in wit voorop. Hier hoor ons 'n merkwaardige storie: Die eienaar van die sjebien het gesukkel met sy besigheid en besluit om voor die vorige naweek se halfeindstryd sy gebou te verf om die Bulls te verwelkom. Hy het só goed gedoen met al die Bulls-ondersteuners wat kom braaivleis eet en keel natmaak het, dat hy genoeg geld het om nóg 'n sjebien oop te maak, betyds vir die Wêreldbeker-sokkertoernooi!

Hier speel "Loslappie" kliphard. Ek het nooit gedink ek sou ooit 'n Kurt Darren-liedjie in die townships hoor nie.

Terug by die blou sjebien. 'n Paar kinders vermaak ons met allerhande *beatbox*-geluide. Hulle hare is met blou poeierverf gekleur; een outjie het selfs twee toiletrolle met 'n toutjie op sy voorkop vasgemaak – sy eie Blou Bul-horings.

Toe ek so oud soos dié outjies was, was Suid-Afrika nog in die niemandsland van die internasionale sportboikot. In die afwesigheid van toetsrugby was die Curriebeker die Heilige Graal. Ek onthou nog die beklemming om my tienjarige hart teen die einde van die destydse TV-reeks *Springbok Saga* wanneer die ander toetsunies op die televisie flits en die verteller wonder of die Bokke ooit weer op die wêreldverhoog sal meeding. (My gunsteling-oomblik in *Springbok Saga* was Gerhard Viviers se kommentaar: "Hier is spoed, hier is spoed, hier is spoed, hier is spoed, hier is spoed ... JACO REINAAACH!")

Dit was ook die jare van die noodtoestand. Die townships was vreesaanjaende plekke, oftewel só is ons geleer. Hier moet vandag 'n paar Blou Bul-ondersteuners wees wat destyds ook blou – polisieblou – gedra het in Soweto. 'n Gebeurtenis soos vandag sou heeltemal ondenkbaar gewees het.

Ek gesels met 'n oom met 'n blou snor. "Die gees is amazing. Ek was laasweek ook hier. Kom ek sê vir jou, die sitplekke is beter as Loftus s'n."

'n Man stap op stelte verby. Braaiwenke en vuvuzela-meesterklasse word moeiteloos uitgeruil. 'n Blou Spiderman poseer vir foto's en iewers in die gedruis word my baard potblou ge-spraypaint. Twee mans dra 'n groot banier: *Thank you Soweto 4 the best final ever.*

Op pad na die stadion hoor ek iemand sê: "Dit is 'n see van blou. En liefde."

Die atmosfeer in die Orlando-stadion was eenvoudig epies. Derduisende vuvuzelas het dwarsdeur die wedstryd aanhou dreun. Die Stormers het moedig probeer, maar nooit werklik 'n kans gestaan teen Morné Steyn se skopskoen in hierdie blou arena nie.

Op die dag se spel het die Bulls verdien om te wen, maar vir my was die uitslag – selfs al is my bloed gewis nou blou – nie waaroor die Soweto-finaal gegaan het nie. Om Suid-Afrikaners só uitbundig saam te sien kuier, veral ná die tyd in die strate en sjebiens van Soweto, behoort selfs die mees siniese suurknol hoop te gee vir die toekoms. Nie sedert Madiba die nommer-6-trui in 1995 gedra het, het ons só 'n dag beleef nie. As Clint Eastwood daardie dag in Soweto was, kon ons 'n *Invictus 2* verwag.

Die vuvuzelas het (wanneer dit nie uitasem geblaas was nie) fier en regop op die tafels gestaan. By die blou sjebien het ons gedans op kwaito en selfs Jack Parow se "Cooler as ekke". Van die locals het elke woord geken.

Op pad terug in die bus na Nasrec het iemand heel agter spontaan begin met: "Nkosi sikelel' iAfrika / Maluphakanyisw' uphondo lwayo". Die res van ons het ingeval. Al singende deur die strate van Soweto. Teen die einde van die volkslied het die vuvuzelas weer getrompetter.

Ja, die Nag van die Lang Vuvuzelas het aangebreek, en ek was nog nooit so lief vir hierdie land en sy mense nie.

Mwaaaaaap!

ERNS GRUNDLING het ná skool sy rugbystewels opgehang, joernalistiek studeer en gewerk by *LitNet*, *Insig* en *Huisgenoot*. Sedert Desember 2008 reis hy die land vol as joernalis by die reistydskrif *Weg*. Hy wil graag eendag 'n rugbykommentator word en glo steeds die OP verdien om in die Curriebeker te speel.